60°E
120°E
180°
OCEAN
UROPE
ASIA
60°N
30°N
AFRICA
PACIFIC
OCEAN
EQUATOR
0°
INDIAN
OCEAN
AUS
30°S
60°S
ANTARCTICA

Unter *Kannibalen*

Titel der amerikanischen Originalausgabe:
LIVING WITH CANNIBALS
and Other Women's Adventures

Veröffentlicht von der National Geographic Society,
Washington, D.C., 2000, alle Rechte vorbehalten

Die National Geographic Society wurde 1888 gegründet, um »die geographischen Kenntnisse zu mehren und zu verbreiten.« Seither unterstützt sie die wissenschaftliche Forschung und informiert ihre mehr als neun Millionen Mitglieder in aller Welt.

Die National Geographic Society informiert durch Magazine, Bücher, Fernsehprogramme, Videos, Landkarten, Atlanten und moderne Lehrmittel. Außerdem vergibt sie Forschungsstipendien und organisiert den Wettbewerb National Geographic Bee sowie Workshops für Lehrer.

Die Gesellschaft finanziert sich durch Mitgliedsbeiträge und den Verkauf der Lehrmittel.

Die Mitglieder erhalten regelmäßig das offizielle Journal der Gesellschaft: das NATIONAL GEOGRAPHIC-Magazin. Falls Sie mehr über die National Geographic Society, ihre Lehrprogramme und Publikationen wissen wollen: Nutzen Sie die Website unter www.nationalgeographic.com. Die Website von NATIONAL GEOGRAPHIC Deutschland können Sie unter www.nationalgeographic.de besuchen.

Deutsche Ausgabe veröffentlicht von G+J/RBA Hamburg 2001
Übersetzung: Dörte Fuchs, Jutta Orth
Koordination/Redaktion: Carlo Lauer
Redaktionelle Mitarbeit: Dieter Löbbert und Dr. Horst Leisering für CLP
Satz:Typographischer Betrieb Walter Biering Hans Numberger
Titelgestaltung: Lutz Jahrmarkt
Produktion: Ursula Stahl
Druck und Verarbeitung: GGP Media, Pößneck
Printed in Germany
ISBN 3-934385-15-X

WEIERE BUCHTITEL VON

MICHELE SLUNG

(Herausgeberin und Autorin)

National Geographic Cat Shots

Murder & Other Acts of Literature: Twenty-Four Unforgettable and Chilling Stories by Some of the World's Best-Loved, Most Celebrated Writers

Hear! Here! Sounds Around the World

Fever: Sensuous Stories by Women Writers

Murder for Halloween: Tales of Suspense
(coedited with Roland Hartman)

Shudder Again: 22 Tales of Sex and Horror

I Shudder at Your Touch: 22 Tales of Sex and Horror

Slow Hand: Women Writing Erotica

More Momilies: As My Mother Used to Say

Momilies: As My Mother Used to Say

Women's Wiles

Crime on Her Mind: Fifteen Stories of Female Sleuths from the Victorian Era to the Forties

Michele Slung

Mit einem Vorwort von Reeve Lindbergh

Unter *Kannibalen*

und andere Abenteuerberichte von Frauen

GRUNER + JAHR / RBA

NATIONAL GEOGRAPHIC DEUTSCHLAND

Für Cindy Derway,
die mit Herz und Geist forscht.

Nor Mountain hinder Me
Nor Sea—
Who's Baltic—
Who's Cordillera?

EMILY DICKINSON

INHALT

Unter *Kannibalen*

EINLEITUNG
Reeve Lindbergh

„Reisende sind immer Entdecker", schrieb meine Mutter Anne Morrow Lindbergh im ersten Kapitel ihres 1935 erschienenen Buches *North to the Orient.* Sie schilderte darin ihren und meines Vaters Pionierflug zur Erkundung der „Great Circle Route", der Polarroute nach Asien. „Unsere Route war neu, der Luftraum noch jungfräulich, die Bedingungen waren unbekannt und die Geschichten geheimnisvoll."

Damit begann meine Mutter ihre Erkundung der Welt – und die Erkundung ihres Innern, nahm jene Arbeit des Nachdenkens auf, die ihr Schreiben ein Leben lang inspirierte. Ich denke, dass ihre Erforschung der Erdoberfläche aus der Luft in den 1930er-Jahren mit der Prüfung ihres wachsenden Selbstvertrauens und ihres zunehmenden Könnens nicht nur als Schriftstellerin, sondern auch als Fliegerin einherging – die Fliegerei war ein Gebiet, auf das sich damals nur wenige Frauen vorgewagt hatten. Aus einer stillen, lernbegierigen Diplomatentochter wurde eine Fliegerin und Forscherin, eine Funkerin und Navigatorin, und in den 1930er-Jahren gehörte sie zu den ersten Frauen, die in Amerika den Segelflugschein machten. Während all dieser Abenteuer schrieb sie ihre Eindrücke und Erfahrungen nieder und hinterließ uns beredte Erinnerungen an den Alltag einer Schriftstellerin, die zugleich Pilotin war: eine Frau, die Worte und Flügel liebte.

Für meine Mutter ebenso wie für die in dieser außergewöhnlichen Porträtsammlung vereinten Forscherinnen hing die Erkundung der äußeren und inneren Welt zusammen, ja beides spiegelte einander. Je weiter sie reiste, je mehr sie forschte und je mehr sie von dem Erdball tief unter ihr verstand, desto mehr bewährte sie sich als Pilotin und Schriftstellerin. Alle Frauen dieses Buches, so vermute ich, begaben sich auf diesen doppelten Pfad der Entdeckung, jede auf ihre Weise. Dies gilt für eine britische Globetrotterin und Reise-

Um 1934: Anne Morrow Lindbergh hatte ihren Ehemann, Charles A. Lindbergh, ihrer Beherztheit verlieh ihr die National Geographic

schriftstellerin aus dem 19. Jahrhundert wie Isabella Bird Bishop genauso wie für eine zeitgenössische Weltreisende wie die Irin Dervla Murphy, die in den 1960er-Jahren mit dem Fahrrad durch Europa nach Indien fuhr und dafür als logische Begründung lapidar vorbrachte: „Wenn jemand gerne Fahrrad fährt und nach Indien reisen möchte, liegt es nahe, das Rad zu nehmen."

Die für Forscherinnen unzweifelhaft wichtigste Entdeckung ist vielleicht das Gewahrwerden der Freiheit, die im Zentrum des eigentlichen Erkundungsprozesses liegt. Ich lernte von meiner Mutter, dass dies für eine Frau ihrer Generation keiner anderen Erfahrung gleichkam. Auch warnte sie uns sowohl in ihren Texten als auch in ihren Erinnerungen, dass eine solche „Freiheit" nur durch akribische Planung und Disziplin erworben werden könne. „Die Vorkehrungen, die dafür getroffen werden mussten, waren so zahlreich wie verschieden",

CORBIS / UNDERWOOD AND UNDERWOOD

auf mehr als 40 000 Flugmeilen über fünf Kontinente begleitet. In Würdigung Society 1934 die Hubbard-Goldmedaille.

schrieb sie. „Wir mussten die Möglichkeit eines Fallschirmsprungs in Betracht ziehen und in den Taschen unserer Fluganzüge hoch konzentrierte Nahrung und eine auf engstem Raum untergebrachte Erste-Hilfe-Ausrüstung mit uns führen. Wir mussten sowohl auf eine Notlandung im Norden vorbereitet sein, wo wir warmes Bettzeug und warme Kleider brauchen würden, als auch im Süden, wo wir ein für Insekten undurchlässiges Zelt benötigten, und auf dem Ozean, wo wir außer Nahrung auch eine Menge frisches Wasser brauchen würden."

Die frühen Pilotinnen – meine Mutter, Amelia Earhart, Beryl Markham, Harriet Quimby und insbesondere Bessie Coleman, die erste afroamerikanische Pilotin der Welt – müssen es bei ihren ersten Flügen dennoch als Grundoffenbarung, als etwas wunderbar Subversives empfunden haben, dass zumindest hier weder Geschlecht noch Rasse, noch soziale Konzepte zur

„Stellung der Frau“ eine Rolle spielen konnten. In der Luft gab es so etwas wie Gesellschaft überhaupt nicht. Nichts außer dem Flugzeug, dem Können derjenigen, die es flog, und dem grenzenlosen Himmel zählte.

Selbst vor der Erfindung des Flugzeugs muss die Freiheit der Entdecker insbesondere Frauen des 19. Jahrhunderts in ihren Bann gezogen haben, deren Familienleben vorgeschrieben und in einem heute schier unvorstellbaren Maß eingeschränkt war. In vielen Ländern durften sie nicht wählen, wurden nicht ermutigt, höhere Bildung anzustreben, bekleideten selten öffentliche Ämter, und ihr Recht, eigenes Vermögen zu besitzen sowie die Kinder in ihrer Obhut und unter ihrer Aufsicht zu behalten, war außerordentlich begrenzt. Verglichen mit diesen Einschränkungen müssen die Risiken des Reisens der weiblichen Fantasie belanglos erschienen sein.

Einige Abenteurerinnen, die in vermögende Verhältnisse geboren oder mit einer frühen Erbschaft gesegnet waren, genossen die zusätzliche Freiheit gesicherter finanzieller Möglichkeiten. Besonders im Viktorianischen Zeitalter waren solche Privilegien häufig eine Grundvoraussetzung für das Abenteuer, auch wenn die Abenteuer selbst Elend und Gefahren mit sich bringen mochten, von denen jene Mitglieder der Oberschicht, die zu Hause in Sicherheit geblieben waren, nichts ahnten.

Doch ob privilegiert oder nicht – die Frauen, von denen im Folgenden die Rede sein wird, sind weder Luxusgeschöpfe noch selbstgefällige Wesen, egal, welche Maßstäbe man anlegt. Einige von ihnen haben ihre Motivation, ihre Ziele und ihre politische Überzeugung mit Leidenschaft verkündet, während sie trostlose Einöden durchquerten oder beängstigende Höhen erklommen wie Fanny Bullock Workman, eine Reisende der Jahrhundertwende, die auf einem abgelegenen asiatischen Gletscher gut 6000 Meter über dem Meeresspiegel ein Schild hoch hielt, auf dem sie das „Wahlrecht für Frauen!“ forderte. Andere Frauen leben inzwischen ihre eigenen Überzeugungen – in unserer Zeit, Tag für Tag. Dr. Sylvia A. Earle, eine moderne Ozeanographin von Weltruf, macht kein Geheimnis aus der Tatsache, dass sie sich selbst und ihr Werk „den Fischen" sowie dem Wohl und dem Schutz ihrer geliebten Ozeane verschrieben hat.

Andere Forscherinnen fühlten sich durch ähnlich starke, aber unbestimmtere Kräfte angetrieben. Für diese Frauen bedeutet das Forschen, Reisen und Arbeiten vielleicht „nicht nur ein wissenschaftliches, sondern auch ein spirituelles Streben", um mit Birutė Galdikas zu sprechen. Es gibt einen feinen Impuls, das Hier und Jetzt zu erfassen, mit der vergänglichen Natur des Lebens, wie es zu einem bestimmten historischen Zeitpunkt existiert, vertraut zu werden und – wie meine Mutter recht wehmütig meinte –, „einen Bruchteil der Magie einzufangen, die dem Moment eigentümlich ist, in dem Forscher die Welt auf eine gänzlich neue Weise erschließen und sie damit so unwiderruflich verändern, wie alle Forscher es zwangsläufig tun".

Die frühen Piloten veränderten die Welt wohl in einem größeren Ausmaß, als alle anderen Forscher es jemals taten. „Ein paar Jahre früher wären Flugzeuge gar nicht in der Lage gewesen, diese Orte zu erreichen; noch ein paar Jahre, und es ist vorbei mit dieser Abgeschiedenheit", schrieb meine Mutter über das Gebiet und die Menschen, denen sie und mein Vater auf ihren Erkundungsflügen in den 1930er-Jahren begegneten. Drei Jahrzehnte später wurden beide sich klar über die Veränderungen, die Flugreisen und fortschreitende Technologisierung mit sich brachten, und diese Erkenntnis bereitete ihnen Sorgen.

In den 1960er-Jahren bereisten sie den Globus noch einmal gemeinsam, diesmal mit dem Ziel, die Wildnis und die darin lebenden Tiere zu schützen, die nun durch die von ihr und ihrem Pilotengatten mitgeschaffene Erreichbarkeit bedroht waren. In vielen ihrer späteren Texte richtete meine Mutter ihr Augenmerk auf den nicht ersetzbaren Wert des Lebens in all seinen Formen, so in einem Essay, den sie über eine mit meinem Vater zusammen unternommene Afrikareise verfasste und der als Teil des Buches *Die Erde leuchtet* publiziert wurde. „Die Wildnis ist überall bedroht. Das Aussterben der Tiere ist nicht die einzige Gefahr, der Mensch verliert eine Atempause für alles, was in ihm frei und ungebunden ist." Als Frau, die die Freiheit des Geistes in der Forschung und in der Luft entdeckt hatte, war sie für dieses Thema hochsensibel.

Manchmal fand meine Mutter es schwierig – und so empfanden es viele Frauen in den berauschenden Tagen der frühen Fliegerei –, wieder auf den Boden der Wirklichkeit zurück- und in die konventionelleren Interessen, die den Frauen jener Zeit zugebilligt wurden, hineingezogen zu werden. Enttäuscht berichtete sie über die beiden Reporterinnen, die kurz vor ihrer Abreise nach Long Island an sie herantraten:

„Oh, Mrs. Lindbergh", sagte die eine, „die Frauen Amerikas würden schrecklich gern etwas über Ihre Kleidung erfahren."

„Und ich", sagte die andere, „möchte einen kleinen Artikel über Ihre Haushaltsführung an Bord schreiben. Wo verstauen Sie die Lunchbehälter?"

„Ich bin niedergeschlagen, wie immer, wenn Reporterinnen konventionelle Frauenthemen ansprechen. Ich fühle, wie sie sich gefühlt haben müssen, als sie veranlasst wurden, diese Fragen zu stellen. Ich bin ein wenig beleidigt. Drüben in der Ecke wird mein Mann zu wichtigen Männerthemen befragt, zu klar umrissenen, stahlharten technischen Einzelheiten oder weit reichenden Abstraktionen. Doch mir stellt man Fragen über Kleider und Lunchbehälter."

Heute, fast siebzig Jahre später, würden nur wenige Reporterinnen Forscherinnen über Kleider und Lunchbehälter ausfragen, doch seinerzeit entsprach es den Erwartungen, solche Fragen zu stellen und darauf wieder und wieder Antworten zu erhalten. Was für eine Erleichterung muss es für meine Mutter gewesen sein, in der Luft Zuflucht suchen zu können!

Seien sie nun Pilotinnen, Reiseschriftstellerinnen, Fotojournalistinnen, Astronautinnen, Wissenschaftlerinnen, Sportlerinnen oder Kriegsreporterinnen – alle in den folgenden Kapiteln vorgestellten Entdeckerinnen beschlossen wie meine Mutter, „eine andere Welt zu erobern“, um mit Louise Arner Boyd zu sprechen.

Das konnte die Luft sein, wie für meine Mutter, die Weite des Weltraums, wie für Dr. Shannon Lucid, oder es mochten die Ozeane sein, wie für Dr. Sylvia Earle. Es war vielleicht eine andere Kultur wie die der Inuit in der kanadischen Arktis, deren Leben Yva Momatiuk teilte. Sie habe „den letzten Zipfel einer Welt, die sich im Umbruch befand“, ergriffen, schrieb sie später über diese Erfahrung. Es kann die Welt einer anderen Spezies sein, wie sie die Primatenforscherin Birutė Galdikas in ihrer drei Jahrzehnte währenden Arbeit mit den Orang-Utans des Tanjung-Putin-Reservats eroberte und in die auch Dian Fossey durch ihre Arbeit mit den Berggorillas in Ruanda eindrang. Für ihre lange, engagierte Forschungsarbeit ließ sie schließlich ihr Leben. Vielleicht ist es auch einfach die Welt, die hinter den eigenen Lebensgewohnheiten und Sicherheiten existiert, meist hinter den eigenen Fähigkeiten, eine Welt des Risikos und der Möglichkeiten, der Gefahr und der Selbstentdeckung.

Leben und Abenteuer dieser Frauen umspannen einen Zeitraum von drei Jahrhunderten. Sie zu ergründen bedeutet, die wahre Vervollkommnung des Menschen zu feiern. Doch es bietet auch die Gelegenheit, unsere Fantasie auf die Zukunft zu richten. Welche anderen Gebiete, die uns am Herzen liegen, frage ich mich, können wir heutigen Frauen unseren Töchtern und Enkelinnen erschließen, so wie unsere Mütter und Großmütter die Tore der Forschung und des Abenteuers so mutig für uns aufstießen? Wo immer wir hingehen – als Forscherinnen führen wir das Vermächtnis derer mit uns, die vor uns loszogen, und immer werden wir wie sie zwei Wege zugleich beschreiten: Auf dem äußeren und dem inneren Entdeckerpfad dringen wir in neue Welten vor, bis in alle Ewigkeit.

Der Ruf der Arktis

LOUISE ARNER BOYD

1887–1972

HELEN THAYER

*1937

„Das dünnere Eis …macht bei mildem Wetter ein knisterndes Geräusch, gelegentlich dringt ein Rauschen ans Ufer, verursacht von Wellen, die durch das Umstürzen und Bersten irgendeiner schweren Masse erzeugt werden. Am lautesten …ist das Donnern eines Eisbergs, wenn er vom Gletscher abbricht, oder das Krachen berstenden Eises, wenn ein gigantischer Eisberg zerbricht.“

VORHERGEHENDE DOPPELSEITE*: Helen Thayer sollte die erste Frau sein, die das Faszinosum Nordpol allein und auf Skiern erreichte. Auf ihrem Weg war sie sich fast 450 Kilometer lang – Zentimeter für Zentimeter und Minute für Minute – voller Schrecken der Eisbären bewusst, in deren Territorium sie eindrang und die so mit ihrer Umgebung verschmolzen, dass sie nicht zu sehen waren.*

HELEN THAYER

LOUISE ARNER BOYD

1887 – 1972

Als Louise Arner Boyd begann, sich in einer Welt aus Eis heimisch zu fühlen, fand sie heraus, dass sie Vilhjalmur Stefansson beipflichten konnte, jenem Arktisforscher, der einst scharfsinnig auf den fälschlicherweise so bezeichneten „stillen Norden“ hingewiesen hatte. In ihren Ohren bildeten diese unbewohnten vereisten Landstriche, in die sie wieder und wieder zurückkehrte, den großartigen Hintergrund für eine komplizierte Klangsymphonie.

In den ersten 32 Jahren ihres Lebens schien es kaum wahrscheinlich, dass Louise Arner Boyd jemals zu entlegenen Polarregionen aufbräche – geschweige denn, dass einmal ein arktischer Gletscher nach ihr benannt würde. Die Erfahrungswelt dieser jungen Dame aus San Francisco war geprägt von Gouvernanten, Mädchenpensionaten und der fortwährenden Notwendigkeit, familiäre Pflichten über die eigenen Wünsche zu stellen.

In den 1920er Jahren, als ihr 33. Geburtstag näher rückte, starb ihr kränkelnder Vater, der Bergbaumagnat John Franklin Boyd. Damit erreichte die Familientragödie ihren Höhepunkt. Boyd, der seine Frau nur um zwölf Monate überlebte, hatte es ertragen müssen, seine beiden Söhne, Luises Brüder John jr. und Seth, kaum dass sie dem Teenageralter entwachsen waren, sterben zu sehen. Allerdings gereicht es ihm zur Ehre, dass er vor seinem Zusammenbruch in weiser Voraussicht Louise mit der Verwaltung ihres Vermögens betraute und sie so auf ihre Rolle als Chefin der in Privatbesitz befindlichen Boyd Investment Company vorbereitete. Bei aller Trauer, die sie lange nicht losließ, erwiesen sich die Veränderungen in diesem Fall eher als Chance denn als Verlust, und letzten Endes ergab sich die verwaiste Erbin mit Begeisterung und wachsendem Selbstvertrauen in ihre neue Unabhängigkeit.

Aufgrund des ständigen Stroms von Wochenendbesuchern und Dinnergästen, die alle auf Boyds neu entdecktes Talent als Gastgeberin ansprachen, änderte sich auch der melancholische Ton in Maple Lawn, dem Gut der Boyds in San Rafael am Rand von San Francisco. Schon als sie mit Freunden noch die Freuden ihrer häuslichen Reichtümer teilte, wie etwa einen privaten Swimmingpool – in diesen Tagen ein ziemliches Novum –, begann sie, so scheint es, mittels ihrer Sicht der Dinge Grenzen, die sie so lange hatte einhalten müssen, weit hinter sich zu lassen.

Louise Boyds erste Auslandsreisen – ihr Debüt auf der Bühne der Globetrotter – führten sie 1920 und 1921 nach Europa. In Begleitung einer respektablen Mitreisenden namens Sadie Pratt, waren diese ersten beiden Stippvisiten im Grunde konventionelle touristische Unternehmungen, auch wenn in Frankreich und Belgien nichts als normal gelten konnte angesichts der reizlosen, durch den Ersten Weltkrieg vernarbten Landstriche, die sie durchquerten. Es waren trostlose Eindrücke, die Boyd regelmäßig in ihrem Tagebuch festhielt.

Was jedoch aus ihren Aufzeichnungen nicht hervorgeht, sind die Gründe, die sie nach diesen ersten, eher unspektakulären Erfahrungen auf dem europäischen Festland bewogen, ihre Aufmerksamkeit auf entfernte Punkte des Meeres und des Nordens zu richten – womit sie, wie wir heute wissen, ihre Bestimmung fand.

Gleichgültig, was den Ausschlag gab – was zählt, ist, dass diese junge Dame aus der kalifornischen High Society beschloss, einen stabilen kleinen Touristendampfer zu besteigen, der in den norwegischen Archipel Spitzbergen fuhr und am Rand des Polareises kreuzte. Bis zu diesem Augenblick im Jahr 1924 ein Kind des Pazifischen Ozeans, sollte Louise Boyd niemals glücklicher sein, sich niemals mehr zu Hause fühlen als dann, wenn sie neue Gebiete in den glitzernden Weiten hoch im Nordatlantik kartographierte.

„Weit im Norden, verborgen hinter grimmigen Barrieren von Packeis, gibt es Gebiete, die einen in Bann ziehen. Gigantische Torgebilde, deren Angeln im Horizont sitzen, scheinen über diese Gebiete zu wachen. Langsam schwingen diese Tore auf, und man betritt eine andere Welt, in der Menschen inmitten der Furcht einflößenden Unermesslichkeit einsamer Berge, Fjorde und Gletscher unbedeutend sind.“

Mit dieser eindrucksvollen Passage beginnt Boyds erstes Buch, eine Studie, die sie unter der Schirmherrschaft der American Geographical Society schrieb und weit weniger lebendig mit *The Fiord Region of East Greenland* betitelte. Fast ist es so, als habe Boyd sich mit diesen wenigen einfachen, poetischen und kraftvollen Sätzen (und ihren mythischen Anklängen) ein Schwelgen in Gefühlen erlaubt, wie es knapper nicht hätte ausfallen können. Als sie das Buch 1935 publizierte, war sie mit ihren fünf Reisen in ihr nördliches Paradies – vier davon Expeditionen, die sie selbst finanziert hatte – bereits ein alter Hase, und ihre Glaubwürdigkeit, über die sie sorgsam wachte, hing von ihrer Fähigkeit ab, Daten zu sammeln und wissenschaftliche Beobachtungen zu machen, nicht etwa davon, der Fantasie Flügel zu verleihen.

Nachdem sie Spitzbergen durch ihre Schiffsreise im Jahr 1924 kennen gelernt hatte, kehrte Boyd nach Hause zurück, entschlossen, eine ambitioniertere Nordlandfahrt zu organisieren. Im Sommer 1926 erfüllten sich ihre Hoffnungen. Sie charterte den norwegischen Robbenfänger *Hobby* und war wahrscheinlich die Einzige unter den Arktisforschern dieses oder irgendeines anderen Jahres, die, bevor sie auf die offene See zusteuerten, zunächst in London Halt machten, um in St. James's bei Hofe vorgestellt zu werden. (Es kann als ziemlich sicher gelten, dass weder George V. noch seine Frau, Queen Mary, sich vorstellen konnten, dass die große, stattliche Amerikanerin, die den traditionellen Knicks vor ihnen ausführte, nicht zu den großen Hotels auf dem Kontinent, sondern zu diesen kargen, eisigen, als Franz-Joseph-Land bekannten Inseln im Nordpolarmeer unterwegs war, einem Ort, der von wesentlich mehr Eisbären bevölkert wurde als von Menschen.)

Boyds Hauptaufgabe, der sie sich auf dieser und allen folgenden Reisen hingebungsvoll widmete, war die fotografische Dokumentation all dessen, was sie sah. Als nahezu hundertprozentige Autodidaktin musste sie ihr Können permanent unter Beweis stellen. „Von jedem Schiff oder Motordory* aus machte ich nahezu ununterbrochen Fotos von Küstenzügen, Panorama- und Detailaufnahmen, sowie von der Beschaffenheit des Eises", erklärte sie stolz, „obwohl ich jede Gelegenheit ergriff, mit meinen Kameras auf Bodenerhebungen zu klettern, die mir einen Blick ins Weite und in die Ferne boten und somit ein Verständnis der Topographie ermöglichten, das ich auf keine andere Art und Weise so klar und einfach erhalten hätte."

(In späteren Jahren erwies sich ihre Gründlichkeit tatsächlich sowohl strategisch als auch wissenschaftlich als sehr wertvoll: Im Zweiten Weltkrieg wurde ihre umfangreiche Sammlung an Bildmaterial zusammen mit anderen Aufzeichnungen der Regierung übergeben und ihre Nutzung eingeschränkt,

*Dory = kleines Boot

während Boyd selbst dazu herangezogen wurde, rund um die Uhr für kriegswichtige Ziele zu arbeiten.)

Ein großer Teil der von Boyd benutzten Präzisionskameraausrüstung war sperrig und musste von Assistenten getragen werden, wenn sie an Land gingen. Doch so schwierig es war, diese Ausrüstung glitschige Klippen hinauf und über lose Felsblöcke zu schleppen – die Unwegsamkeit des Geländes war nicht die einzige Gefahr.

„Vielleicht sollte man zukünftige Fotografen vor der Bedrohung durch einsame Moschusochsenbullen an gewissen Örtlichkeiten…, die immer wieder in vollem Galopp [angreifen], warnen“, heißt es trocken in ihrem zweiten Buch, *The Coast of Northeast Greenland*, über ihre Expeditionen von 1937 und 1938. Andererseits hatte sie Eisbären, „obwohl ich einige Male auf frische Spuren stieß, niemals zu Gesicht bekommen… außer auf dem Eis“.

Diese erste selbst finanzierte Reise von 1926 war tatsächlich, zumindest teilweise, eine Eisbärsafari, bei der sowohl mit Gewehren als auch mit Kameras geschossen wurde. Boyd, die häufig als „Meisterschützin“ gerühmt wurde, hatte als junges Mädchen mit dem Schießen begonnen, und ihr wird aus zuverlässiger Quelle nachgesagt, dass sie fähig gewesen sei, einen Bären vom Deck eines schwankenden Bootes aus zu erlegen. Doch als die Eisbärjagd als Sport im Laufe der Zeit in Ungnade fiel, spielte Boyd in ihrer Empfindlichkeit für Kritik die Ausbeute dieses ersten Sommers auf der *Hobby* herunter. „Die Leute übertreiben dauernd“, mokierte sie sich 1963 gegenübereinem Interviewer. „Zum Beispiel ist es nicht wahr, dass ich 19 Bären an einem Tag erschossen habe.“ Nichtsdestotrotz variieren die Angaben darüber, wie viele Bärenfelle 1926 mit ihrer Mannschaft nach San Francisco zurückkehrten; eine Schätzung beläuft sich auf sage und schreibe 29 Stück.

Die *Hobby* hatte einst dem norwegischen Forscher Roald Amundsen als Flaggschiff gedient. Amundsen war berühmt, weil er als Erster den Südpol erreicht hatte. Im Sommer 1928 geriet Louise Boyd, nachdem sie den Vertrag für die zweite Charter des Schiffs unterzeichnet hatte, in den Sog dessen, was sie knapp und beschönigend als „ernste Ereignisse in der Arktis" bezeichnen sollte. Amundsen, in einer mutigen Rettungsmission unterwegs, um die Crew eines italienischen Luftschiffs zu suchen, das beim Versuch, den Nordpol zu erreichen, abgestürzt war, wurde vermisst. Die Welt hielt den Atem an und ließ sich von jedem Sensationsbericht der Presse aufgeregt in Bann ziehen.

Drei Monate lang und „über schätzungsweise 16 000 Kilometer" beteiligten sich Boyd und ihre Seeleute gemeinsam mit drei Offizieren der norwegischen Marine an der Suche nach dem vermissten Helden. Als die *Hobby* sich hartnäckig immer weiter durchs Wasser pflügte, war es fast, als wäre ein Hund auf die Fährte seines früheren Herrchens gesetzt worden, und Boyd empfand es als Privileg, ihre Pläne aus einem so ehrenwerten Motiv geändert zu haben, wie sie später erklärte. Doch obwohl einige Italiener schließlich lebend entdeckt wurden, war Amundsen bei seinen Bemühungen, sie zu finden, umgekommen.

Für ihre großzügige Unterstützung bei der Suche erhielt sie vom norwegischen König Håkon VII. als einzige Nichtnorwegerin, die jemals auf diese Weise geehrt wurde, den Olafsorden erster Klasse. Doch trotz dieser und vieler anderer Auszeichnungen, die ihr im Laufe ihres langen Lebens zuteil wurden – darunter die Mitgliedschaft in der französischen Ehrenlegion und die erste Ehrenmitgliedschaft bei der American Polar Society, die einer Frau angetragen wurde –, zählten für Louise

Louise Arner Boyd, der man nachsagte, sie habe 19 Bären an einem einzigen Tag erlegt, posiert hier 1926 mit einer Jagdtrophäe aus Grönland. Allerdings wuchs mit ihrer finanziellen Unterstützung von weiteren Expeditionen in die arktischen Regionen auch ihre Sensibilität für Fragen des Naturschutzes.

COURTESY, MARIN COUNTY HISTORICAL SOCIETY

Boyd höchstwahrscheinlich ihre unbelebten grönländischen „Namensvettern" am meisten: *Miss Boyd Land*, der *Louise Glacier* und die *Louise A. Boyd Bank*.

Diese Namen hatte ihnen ein zeitgenössischer dänischer Geograph verliehen, der Boyd mit einem bleibenden Zeichen der Anerkennung für ihre frühen Entdeckungen inmitten der Eisfelder eine Ehre erweisen wollte, und da diese kartographische Hommage die amerikanische „Amateurin" überraschend traf, war sie umso kostbarer. „Die ersten Hinweise darauf, dass dieses Land [Miss Boyd Land] so genannt worden war, erhielt ich durch einen Brief ... und dadurch, dass ich den Namen auf [einer] veröffentlichten Landkarte entdeckte", sollte sie später erklären.

Die frühesten Wissensspuren über die Gebiete Grönlands, die Louise Boyd bereiste, lassen sich bis zu einem Tagebuch zurückverfolgen, das der englische Forscher Henry Hudson im Jahr 1607 führte, als er auf der Suche nach der rätselhaften Nordostpassage Richtung Orient segelte. Die riesige und von ihrer topographischen Beschaffenheit her unwirtliche Insel, die sich am nördlichen Polarkreis erstreckt, seit 1814 jedoch zum Königreich Dänemark gehört, gilt heute als größte der Erde. Seit dem 17. Jahrhundert kreuzten regelmäßig Walfänger vor allem holländischer und dänischer Herkunft vor ihren heimtückischen Küsten, und nicht selten kam es zu tragischen Schiffbrüchen.

Boyds Expeditionen nach Grönland vor dem Ausbruch des Zweiten Weltkriegs fanden in den Jahren 1931, 1933, 1937 und 1938 statt, und jedes Mal hielt Louise es für eine „glückliche Fügung", denselben norwegischen Robbenfänger, die *Veslekari*, chartern zu können. Gebaut im Jahr 1918, hatte er einen 350-PS-Motor und erreichte bei guten Witterungsverhältnissen eine Durchschnittsgeschwindigkeit von acht Knoten; die norwegische Crew war dreimal so groß wie Boyds handverlesenes Expeditionsteam, und zur angeheuerten Besatzung gehörten eine Bedienstete für die Messe und eine Stewardess. Der Schiffssalon war als Bibliothek eingerichtet, und ein Teil einer Kabine diente als kleine Dunkelkammer.

In das gefährliche Labyrinth der schroffwandigen Fjorde, die die Ostküste Grönlands kerben, mit dem Schiff einzudringen, ist nur in den relativ warmen Sommermonaten möglich. Boyd, deren Appetit sich durch ihre Reisen in den 1920er-Jahren nur noch mehr gesteigert hatte, war um 1931 bereit, dieser „riskanten Gewässer“ Herr zu werden. Doch trotz ihrer wachsenden Begeisterung, die „außergewöhnliche Erhabenheit und Schönheit“ des Inselinneren für sich zu entdecken, hatte umsichtige Planung für diese Frau, die behauptete, jedes Mal bevor sie auf Deck erschien, ihre Nase zu pudern, Vorrang. So beschloss sie, 1931 ihre harte Arbeit als „in erster Linie fotografische Aufklärung“ anzusehen, die den Weg für die „umfassenderen wissenschaftlichen Forschungen, die ich zwei Jahre später durchführen zu können hoffte“ ebnete.

1931 begegnete sie zum ersten Mal Eskimos, die neben dänischen Siedlern in Ansiedlungen bei Scoresbysund lebten – einem Teil des nördlichsten Siedlungsgebiets an der Ostküste Grönlands – und sofort mit ihren Kajaks zur *Veslekari* hinausruderten.

Im Verlauf des Abends amüsierten sich die Leute mit Tanzen und Singen und benutzten ihre Kochtöpfe als Trommeln. „Es ist ganz unmöglich“, so schrieb sie später, „diese Grönländer mit ihren ruhigen, charmanten Umgangsformen, ihrem direkten Blick und ihren lachenden Gesichtern und ihrer strahlenden Liebenswürdigkeit nicht zu bewundern und zu mögen.“

Um 1933 jedoch hatte sie eine genauer definierte Aufgabe – die „Grenzbereiche von Gletschern, insbesondere im Gebiet des Franz-Joseph-Landes und des König-Oskar-Fjordes“ zu erforschen. Mit der freundlichen Hilfe und Unterstützung der New Yorker American Geographical Society, aber aus eigener Tasche bezahlten Tickets legte sie in Begleitung eines ausgesuchten Teams von Wissenschaftlern los. Einer der Höhepunkte dieser Reise ereignete sich Ende Juli, als Louise das Glück hatte, einem so seltenen Spektakel wie dem Kalben eines Eisberges beizuwohnen, ein anderes waren unzweifelhaft die fünf Pfund Kaviar, mit dem das Team dank der Großzügigkeit ihrer Leiterin am 4. Juli auf See feierlich den amerikanischen Unabhängigkeitstag beging.

Zwischen den Grönlandexpeditionen von 1933 und 1937 hatte Boyd 1934 die Ehre, als amerikanische Delegierte am International Geographical Congress in Warschau teilzunehmen. Mittlerweile geschickt in der Handhabung von Kameras, traf sie früh in Polen ein – mitsamt ihrer zuverlässigen Ausrüstung und der Absicht, solange sie sich in diesem Land aufhielt, alle verfügbare Zeit dazu zu nutzen, einen „echten Querschnitt durch das bäuerliche Leben Polens“ aufzunehmen. Das Projekt, räumte sie ein, komme ihr vor wie eine „Art Aufbruch ...nachdem ich lange mit Hingabe in der Arktis fotografiert hatte“, doch die Wochen, die sie in Polen verbrachte, hatten ein weiteres Buch zur Folge: *Polish Countrysides: Photographs and Narrative.*

Als Boyd im Sommer 1937 die inzwischen vertrauten, nichtsdestotrotz gefährlichen Fahrwasser Grönlands ansteuerte, war eine neue Gruppe von Fachwissenschaftlern an Bord der *Veslekari.* Auf der vorausgehenden Reise hatte ihr Botaniker wegen einer akuten Blinddarmentzündung das Schiff überstürzt verlassen müssen. Boyd, zu Hause in Maple Lawn eine passionierte Gärtnerin, übernahm statt seiner die Aufgabe, Pflanzenproben zu sammeln. Dieses Mal hatte sie neben einem anderen Botaniker sowie den üblichen Geologen und Landvermessern auch einen Hydrographen zur Überwachung der Ströme und Gezeiten und einen erfahrenen Radiotechniker angeheuert.

Doch das, was die Expedition von 1937 am meisten prägte, war die einschüchternde Masse von Eis, in das die *Veslekari* geriet und das wesentlich früher im Jahr zusammenbuk als erwartet. Wenn so etwas in arktischen Gewässern geschieht, verheißt es niemals etwas Gutes, und laut der lebhaften Schilderung Boyds waren sie gezwungen, ein „beklemmendes Katz-und-Maus-Spiel mit dem Packeis ...eine Art Versteck mit der Küste zu spielen". Um die letzte Augustwoche herum musste die Crew sogar Dynamitladungen zünden, um das „eingeklemmte" Schiff zu befreien. Schon bald saß es wieder fest, und im Kampf gegen die verrinnende Zeit – in Polarregionen kommt der Winter schnell und ist unversöhnlich – standen Boyd und ihre Seeleute eine schlaflose Nacht lang an Deck, nachdem sie auf der verzweifelten Suche nach offenem Wasser zu einem Umweg von mehr als 160 Kilometern gezwungen worden waren.

Und doch – wer wollte bezweifeln, dass ein solch gefährliches Abenteuer Louise Boyds Enthusiasmus weiteren Auftrieb gab? Als sie ein Jahr später zurückkehrte, war sie entschlossener denn je, mit der *Veslekari* so weit wie möglich nach Norden vorzudringen, um einen Rekord aufzustellen, und Anfang August stellte sich zu ihrer Zufriedenheit heraus, dass Eis und Wetter es gut mit ihr meinten. Während sie an *The Coast of Northeast Greenland* schrieb (einem Buch über ihre Reisen von 1937 und 1938, das aus kriegsbedingten Sicherheitsvorschriften erst ein Jahrzehnt später veröffentlicht wurde), erlaubte sie sich ein ganz ungewohntes Schwelgen in Selbstzufriedenheit: „Nach bestem Wissen und Gewissen – wir waren die Ersten, denen es gelang, mit dem Schiff so weit nördlich an der Ostküste Grönlands anzulegen."

Die *New York Times* stimmte dem zu. Etwas über einen Monat später tauchte auf einer Seite ein Foto von Louise auf, die in ihrem Parka beeindruckend seriös wirkte. Dann erfuhren die Leser von einem Repräsentanten der American Geographical Society, dass „Miss Boyd das Verdienst für sich in Anspruch nehmen kann, per Schiff an der Küste Ostgrönlands entlang weiter nach Norden vorgedrungen zu sein als je ein anderer Amerikaner..."

Sie hatte sich dem Nordpol bei dieser Gelegenheit bis auf knapp 1700 Kilometer genähert – ein Ziel, das sie seit ihrer Kindheit in Bann zog. Doch 1955 sollte diese grauhaarigeEnthusiastin, nebenbei Kommissionsmitglied des San Francisco Symphony Orchestra, den Nordpol im Alter von 67 Jahren tatsächlich glorreich „erobern".

„In einem Augenblick der Stille und Ehrfurcht", berichtete sie über ihren bahnbrechenden privaten Charterflug, „bedankten die Crew und ich uns für diesen unvergleichlichen Anblick." Aus über 2700 Meter Höhe hatten sie freie Sicht auf unendliche schimmernde Eisflächen.

„Wir überflogen den Pol", fuhr sie fort, „und dann umkreisten wir ihn, ‚rund um die Welt' zu fliegen war eine Frage von Minuten. Mein arktischer Traum war wahr geworden."

Diese Frau, die so weit gereist und so hoch geflogen war und dabei immer das Glück gehabt hatte, mithilfe ihres Privatvermögens Hindernisse überwinden zu können, ereilte traurigerweise in ihren letzten Lebensjahren ein Schicksal, das sie nicht verdient hatte. Als sie sowohl finanziell als auch gesundheitlich am Ende war, war Louise auf die Großzügigkeit von Freunden angewiesen. Ihre letzten Tage verbrachte sie in einem Pflegeheim in San Francisco.

Gleichwohl scheint es passend, dass Louise Arner Boyd kurze Zeit bevor sie starb die Nachricht erhielt, ihr treuer alter Begleiter, die *Veslekari*, sei in den vereisten Gewässern vor Neufundland gesunken. Und wie sie es gewünscht hatte, wurde ihre Asche nach ihrem Tod nach Norden geflogen und über dem ewigen Eis der Polarregion verstreut. ■

Das unaufhörliche Pfeifen und Heulen, die gnadenlosen Hiebe, mit denen [der Wind] mein Gesicht und meinen Körper geißelte, schrecklicher Hunger und Durst, dies alles forderte mich so sehr, dass ich die letzten Reserven an Körperkraft, Disziplin und Willensstärke aktivieren musste. Ich stieß auf Reserven, von denen ich nicht gewusst hatte, dass ich sie besaß. Aber sie waren da, und ich setzte jedes Quäntchen Kraft ein, um meinen immer schwächer werdenden Körper vorwärts zu treiben.“

HELEN THAYER

*1937

Die Überlebenstricks, die Helen Thayer lernte, als sie 1988 allein auf Skiern in Richtung Nordpol zog, hatten hauptsächlich mit der unbestreitbaren Tatsache zu tun, dass sie in Wirklichkeit gar nicht alleine war. Jedenfalls nicht, wenn man die Eisbären mitzählte, jene Furcht einflößenden Hausherren, in deren Territorium sie eindrang und auf deren Gastfreundschaft zu verzichten sie fest entschlossen war. „Eisbären sind die herrlichsten Tiere, die ich je gesehen habe, aber im Augenblick hoffe ich von Herzen, ich werde nie im Leben wieder einen zu Gesicht bekommen", schrieb sie in ihr Tagebuch, das sie allabendlich mit ihren Notizen füllte, gehüllt in ihren Schlafsack, dessen Reißverschluß sie nur halb schloss, um schnell fliehen zu können.

Diesen Eintrag machte sie am vierten Tag. An jenem Nachmittag war sie zusammen mit Charlie, ihrem treuen Husky, auf mindestens acht Fährten gestoßen.

Noch 23 Tage lagen vor ihnen.

Ihrer Angst vor Eisbären nachzugeben war ein Luxus, den sie sich kaum leisten konnte.

Helen, die auf einer 4000 Hektar großen Farm in Neuseeland in völliger Freiheit aufgewachsen war, hatte sich schon in früher Jugend für die rekordträchtigen Abenteuer eines Landsmannes begeistert: Sir Edmund Hillary war ein neuseeländischer Held, dem alle Welt Bewunderung gezollt hatte, als er 1953 als einer der ersten Menschen den Gipfel des Mount Everest erklomm. Anstatt sich anschließend zufrieden auf seinen Lorbeeren auszuruhen, erprobte er sich auf einem gänzlich anderen Gebiet: 1958 gelang ihm und seinem fünfköpfigen Team mit Hundeschlitten und Schneefahrzeugen die erste erfolgreiche Südpol-Expedition auf dem Landweg seit 1912.

Doch Hillary war zufällig auch seit langem mit dem Rektor von Helens Schule befreundet, und so fand sich diese, eine seiner glühendsten Anhängerinnen, voller Stolz in der Situation, dem gefeierten Entdecker vorgestellt zu werden, als dieser zu einem Besuch in die Stadt kam.

Sie selbst hatte schon in Kindertagen die unwiderstehliche Anziehungskraft einzigartiger körperlicher Herausforderungen kennen gelernt. Bereits als Neunjährige hatte Helen zusammen mit ihren Eltern ihren ersten Zweieinhalbtausender erklommen und sich als Talent im Diskuswerfen erwiesen (angesichts ihrer Körpergröße von 1,53 Meter war ihr Trainer zunächst in Lachen ausgebrochen), sie war also eine Persönlichkeit, die nur wenige ihrer Freunde in Erstaunen versetzte, als sie kurz vor ihrem 50. Geburtstag über ihre Pläne zu reden begann, sich einen lang gehegten Abenteuertraum zu erfüllen. Ihr „Übergangsritual" der Lebensmitte, später in einem packend geschriebenen Buch festgehalten, das zum Bestseller werden sollte, bestand in einer Reise, die sie allein und zu Fuß zurücklegen wollte – eine so gefährliche wie belebende und Rekorde setzende Exkursion –, zum nicht exakt bestimmbaren magnetischen Nordpol.

Wie bei Louise Arner Boyd schien auch bei Helen Thayer der Wunsch, die starre Schönheit und Einsamkeit der nördlichsten Gefilde der Erde kennen zu lernen, schon immer in ihrer Seele geschlummert zu haben. Nach drei Jahrzehnten, in denen sie als Athletin viele Preise gewonnen und als Bergsteigerin einige der härtesten Aufstiege der Welt – in Nord- und Südamerika, Neuseeland, Russland und China – bewältigt hatte, war sie, so ihre Überzeugung, mehr als bereit, ganz allein die sich über schätzungsweise 560 Kilometer erstreckende Tour durch das Eis in Angriff zu nehmen („schätzungsweise“ deshalb, weil der magnetische Nordpol, so Thayer, eher eine räumliche Vorstellung als ein definierter Ort ist. Er erfüllt seine Bestimmung als eine Art Anker für ein Ende der Erde, indem er „sich in ständiger Bewegung befindet und dabei, auf einer unregelmäßigen, elliptischen Bahn wandernd, täglich weite Strecken zurücklegt, manchmal mehr als 160 Kilometer an einem einzigen Tag“).

Zu der Zeit, die Thayer für ihre Expedition gewählt hatte – März 1988 – ‚würde der magnetische Nordpol südlich der „kahlen, einsamen, windgepeitschten, von Eis bedeckten“ König-Christian-Insel liegen, fast 1300 Kilometer nördlich des nördlichen Polarkreises in den entlegenen Northwest Territories von Kanada. Sie würde von einem Ort mit dem passenden Namen Resolute Bay aus starten, einer Inuit-Siedlung, die als traditioneller Ausgangspunkt für Polartouren galt. Von dort aus würde sie mit einem DC3-Transportflugzeug auf die nur knapp 92 Kilometer entfernt liegende Insel Little Cornwallis fliegen.

Dort würde sie sich dann von allem verabschieden, was auch nur entfernt an die ihr vertraute Welt erinnerte, um die gesamte Strecke ihrer Reise zu Fuß und auf Skiern zurückzulegen, mit nicht mehr an Proviant und Ausrüstung im Gepäck, als sie auf ihrem Schlitten transportieren konnte.

Wie bereitet man sich auf einen solch einzigartigen Kraftakt vor? Thayer, die zusammen mit ihrem Mann, einem Piloten, seit vielen Jahren am Fuß der Cascade Mountains in Washington lebte, hatte als eine erfahrene Bergsteigerin, Wandererin und Sportlerin eigentlich allen Grund, ihrem Können zu vertrauen. Doch da die Fähigkeit, einen schwer bepackten Schlitten auch bei schwierigen Bodenverhältnissen und unter widrigen Umständen vorwärts zu ziehen, ein wesentlicher Faktor sein würde, begann sie mit einem Kraftsportprogramm, das aus rigorosem Gewichtheben und Kajaktraining bestand.

Allerdings verloren selbst Schwierigkeiten und Hindernisse wie Minustemperaturen von bis zu 45 Grad Celsius, hurrikanartige Stürme, trügerisches Meereis und die unvermeidlichen Gefahren der Arktis, die sie erwarteten, einiges von ihrem Schrecken – angesichts der Möglichkeit, einem Eisbären zu begegnen. Helen wusste, dass sie bestenfalls darauf hoffen könnte, von den furchtlosen Bewohnern dieser Zone als bloßer Eindringling betrachtet zu werden; im schlimmsten Fall würden sie sie für eine Beute halten. Dass sie, Helen, ein Geschöpf mit eigenem Willen war, in jeder Hinsicht so bemerkenswert wie ein Eisbär, würde ihnen kaum in den Sinn kommen, und ihr wagemutiger Versuch, als erste Frau alleine den Nordpol zu erreichen, war, so viel konnte als sicher gelten, ein Detail, das Bären eher kalt ließ.

Dennoch beugte sich Helen erst in der letzten Phase vor ihrer Abreise, nach fast zwei Jahren der Planung, dem überlieferten Wissen der Bewohner der Northwest Territories. Wieder und wieder hatte man ihr erklärt, dass ihre Überlebenschancen schon mit einem einzigen Inuit-Husky an ihrer Seite beträchtlich steigen würden. Diese abgehärteten Tiere, die normalerweise in Gespannen geführt werden, sind perfekte natürliche Bärenwarnanlagen, und schließlich würde sie dann und wann auch einmal schlafen müssen. Obwohl Helen Thayer glaubte, ihrem Anspruch auf Integrität nur genügen zu können, indem sie so konsequent wie möglich bei ihrem ursprünglichen Plan blieb, ihr Reiseabenteuer allein zu bestehen, ließ sie sich auf den Kompromiss ein, in letzter Minute wenigstens einen Hund als Begleiter zu akzeptieren.

Glücklicherweise ahnte Charlie, der robuste schwarze Husky, den man ihr mit auf die Reise gab, nichts von den anfänglichen Vorbehalten seiner neuen Gefährtin; und wie zu erwarten war, sollte er sich seine „Fahrkarte“ im Lauf der folgenden Tage voller Unvorhersehbarkeiten mehr als verdienen.

„Als ich mich wieder nach Norden wandte, um meinen Weg fortzusetzen, war mir klar, dass ich nun das letzte Tor zur Zivilisation hinter mir zugeschlagen hatte. Einen Monat lang würde ich keine Menschenseele mehr zu sehen bekommen. Ich würde in dieser kalten, leeren, von Winden gepeitschten Einöde mutterseelenallein sein. Doch darüber zu grübeln, hatte ich jetzt keine Zeit.“

Helens Plan sah eine flexible Abfolge von Laufen und Skifahren vor. Wenn man schnell vorankommen wollte, musste man auf dem Meereis bleiben, dessen Oberfläche leichter zu befahren war. Trotzdem steckte sie an diesem ersten, wolkenlosen Tag, als sie versuchte, sich entlang der vereisten Meeresküste vorwärts zu kämpfen, schon sehr bald fest. Allerdings waren weder die Sastrugi, wie die wellenähnlichen Eisgrate genannt werden, in denen sich Helens Skier verfingen, noch die herrschende Temperatur von minus 35 Grad, die das Tragen einer Neopren-Maske erforderlich machte, das eigentliche Problem.

„Während ich auf meinen Skiern vorwärts glitt, hatte ich ständig das unheimliche Gefühl, beobachtet zu werden“, beschrieb Helen Thayer ihre unguten Gefühle an diesem strahlenden Morgen, als sie und Charlie, beide vor einen schwer beladenen Schlitten gespannt, sich auf ihren hart gefrorenen „Weg“ machten. Es war, als würde man am helllichten Tag verfolgt. Aus der Überlegung heraus, dass ihr neuer Reisegefährte vielleicht spüren konnte, wie mutlos sie war, habe sie sich, wie sie gesteht, ihm anvertraut: „Charlie, ich habe noch nie in meinem Leben solche Angst gehabt. Ich bin völlig auf dich angewiesen. Du musst mich warnen, wenn ein Bär aufkreuzt."

Sorgfältig den Horizont absuchend, hielt Helen vergeblich Ausschau nach irgendwelchen Anzeichen für die Anwesenheit einer möglicherweise gefährlichen Bärenmutter mit ihren Jungen, die, so hatte man sie gewarnt, vermutlich ganz in der Nähe ihrer Route umherstreifte. „Eben darum", sagte sie sich mit einer „gewissen bitteren Ironie" und in gebührender Anerkennung für die sinnvolle Farbskala der Natur, „sind Eisbären weiß."

Ihrem Seelenfrieden nicht eben zuträglich, hatten ihre Inuit-Ratgeber außerdem betont, dass ihre potenziellen Feinde nicht nur unsichtbar, sondern auch unhörbar waren. „Niemals hört man einen Bären, der sich von hinten anschleicht; man merkt erst, dass er da ist, wenn er sich auf einen stürzt. Aber dann ist es zu spät", hatte man ihr gesagt.

Doch Helen Thayer hatte auch begriffen, dass es keine Methode gab, mit der sie ihre Furcht bezwingen konnte, und dass ihre größte Chance darin bestand, ihre lähmende Angst in eine stete Wachsamkeit umzuwandeln, die ausschlaggebend für ihr Überleben sein würde. Nachts zum Beispiel, wenn sie in dem Bewusstsein, wie ungeheuer verletzlich sie jetzt war, in ihren Schlafsack kroch, bedurfte es einer außerordentlichen Selbstbeherrschung, ihre Ängste zumindest zeitweise beiseite zu schieben, damit sie sich so weit entspannen konnte, dass sie einschlief.

Wie lange würde ein Bär wohl brauchen, um die dünnen Nylonschichten ihres Zelts zu zerreißen? Sie versuchte, nicht allzu viel darüber nachzudenken.

Als zusätzlichen Schutz während der Tagesstunden hatte sie zuoberst auf ihrem gut zwei Meter langen Schlitten aus blauem Fiberglas, mit dem sie ihr Zelt, den Proviant, ein Funkgerät und andere wichtige Gegenstände transportierte, nicht nur eine Leuchtpistole, sondern auch ein Winchester-Gewehr verstaut. Wie Louise Arner Boyd hatte auch Helen Thayer früh gelernt zu schießen, und doch wusste sie, dass sie, auch wenn sie ganz auf sich gestellt war, mit Charlie als einzigem Beistand, nur im äußersten Fall zur Schusswaffe greifen würde. Ein angeschossener Eisbär in seiner Wut war die furchtbarste aller Möglichkeiten.

Wie schon Louise Arner Boyd auf ihrer Grönlandreise plante auch Helen Thayer, mit zahlreichen Fotografien zu dokumentieren, was sie sah, insbesondere die Landschaft auf den Inseln – Sherard Osborn, Helena und König Christian – rund um den Pol. Außerdem hatte sie sich bereit erklärt, kanadischen Wissenschaftlern, die von ihrer Expedition gehört hatten, Schneeproben und Temperaturaufzeichnungen mitzubringen.

Die bergerfahrene Helen Thayer war nun mit völlig neuen Aussichten konfrontiert. „Wenn man klettert", erklärt sie, „gibt es immer den Gipfel. Man sieht ihn näher und näher rücken. Hier hingegen gab es nur ein großes, weißes, flaches, glitzerndes Gewirr aus Eis, so weit das Auge reichte – und am nächsten Tag und am übernächsten und auch an jedem weiteren Tag die gleiche verfluchte Aussicht!"

Außerdem sei man sich in der Arktis stets der Tatsache bewusst, dass sich immer irgendwo unter den Füßen Wasser befindet. Dieses Wissen spielt durchaus eine Rolle: Neun Jahre nach ihrer Reise zum magnetischen Nordpol unternahm Helen Thayer zur Feier ihres 60. Geburtstags das Wagnis einer Solo-Expedition, die sie fast 350 Kilometer tief in die Antarktis führte. „Allerdings", fügt sie hinzu, „ist unter der Antarktis Land. Das macht in psychologischer Hinsicht einen sehr großen Unterschied."

Als sie sich 1988 stetig ihren Weg zur König-Christian-Insel bahnte, bewegte sich mit ihr oft auch die Fläche unter ihren Skiern. Selbst die Schönheit der treibenden Landschaft mit ihrer unheimlichen Lebendigkeit beunruhigte sie manchmal: In

HELEN THAYER

Sogar Helen Thayers Neopren-Maske gefror während ihrer Expedition zum magnetischen Nordpol, wo Windkältefaktoren von bis zu minus 73 Grad Celsius herrschen. Es war schwierig, das schützende Visier abzunehmen, ohne gleichzeitig die daran haftende Haut zu verletzen.

einem „Wald aus von Eis erschaffenen Türmen und Spitzen ...war ein gelegentliches tiefes, müdes Ächzen oder ein langgezogenes, gequält klingendes Knirschen, wenn die Kanten des Packeises sich aneinander rieben", die einzigen Geräusche. Anderswo war die „flache, öde Mondlandschaft" so eben, dass sie Land und Meereis nicht voneinander unterscheiden konnte und nur das Krachen und Ächzen ihr half zu erraten, wo das Wasser aufhörte und das Land anfing.

Helen war fest entschlossen, ihre Energien und ihren Geist im Gleichgewicht zu halten: mit einem Neuen Testament als einziger Lektüre, ihrem Tagebuch, das sie führte, wenn die Strapazen des Tages vorüber waren, und mithilfe eines Speiseplans, der Cracker, Cashewnüsse, Erdnussbutterpralinen, Reis, Kartoffelflocken und Müsli, außerdem Milchpulver und Schokolade beinhaltete. Unterdessen zog Charlie auf seinem blauen Plastik-Kinderschlitten 39 Kilo Hundetrockenfutter hinter sich her – allerdings wartete er, nachdem er zum ersten Mal in seinem Leben Schokolade gekostet hatte, lieber auf andere Genüsse. Während Charlie all der schmetterlingsförmigen, fettreichen Vollweizencracker und Erdnussbutterpralinen, um die er so herzzerreißend bettelte, niemals überdrüssig zu werden schien, fand sein Frauchen ihre Tagesrationen schon bald nicht nur eintönig, sondern geradezu Ekel erregend – vor allem dann, wie sie gesteht, wenn sie lustlos und ohne Blick für die Zutaten irgendein „lauwarmes Durcheinander" zusammengerührt hatte.

Kritischer jedoch war die Tatsache, dass Helens Körper der Kälte allen wattierten Schichten zum Trotz schon seit den ersten Stunden auf dem Eis seinen Tribut zollte: das reichte von simplen Kränkungen ihrer Eitelkeit (ihre Wimpern brachen ab) bis zu schmerzhaften, sich verschlimmernden Verletzungen (sie litt unter großen Blutblasen an den Fingerspitzen, die nicht heilen wollten). Ihren größten Rückschlag jedoch erlebte sie am 20. Tag, als sie sich ihrem Ziel schon bis auf knapp dreieinhalb Kilometer genähert hatte.

Unvermittelt entfesselte ein heftiger Sturm gewaltige Windböen mit Schnee, der gleich Schrotkörnern herunterpeitschte. Er fegte nicht nur den größten Teil der verbliebenen Lebensmittel- und Brennstoffvorräte hinweg, sondern verletzte ihr mit seinen Eispartikeln auch die Augen, ließ ihre Lider anschwellen und das Blut, das aus den Schnittwunden sickerte, auf ihrer Haut festfrieren.

„Ich neige nicht zur Panik", sagt Thayer. „Man darf widrige Umstände nicht persönlich nehmen. Man macht einfach weiter – auch mit Frostbeulen an den Fingern und entzündeten Augen." Später wurde ihr klar, dass sie, als sie Zuflucht vor diesem „Angriff der Arktis" gesucht, der Katastrophe ins Auge geblickt und versucht hatte, sich auf das zu konzentrieren, was gerade geschah, etwas sehr Wichtiges über sich gelernt hatte. „Die Erfahrung, dass ich keinen Moment lang unglücklich war, so schlimm die Dinge auch standen, war wirklich eine wichtige Erkenntnis in meinem Leben", erklärt sie heute. „Als es hart auf hart kam, war ich in Hochform."

Der nächste Morgen – es war der 20. März, der 21. Tag ihrer Expedition – brachte den Erfolg. Helen erreichte endlich ihr lang ersehntes Ziel. Sie beschloss darüber hinwegzusehen, dass sich der magnetische Nordpol landschaftlich kaum von der Szenerie unterschied, durch die sie sich Tag für Tag mühsam vorangearbeitet hatte.

„Die Eislandschaft rundherum sah nicht anders aus als sonst irgendwo in dieser Gegend, der Wind und die Einsamkeit waren die Gleichen, aber ich hatte hart gekämpft, um dieses Ziel zu erreichen, und der Sieg war süß." Helen baute ihr Stativ auf und machte ein paar Aufnahmen von sich und Charlie vor den Flaggen dreier Nationen – der Vereinigten Staaten, Kanadas und Neuseelands –, um einen der „schönsten Momente meines Lebens" für die Nachwelt festzuhalten.

Allerdings gab es nun ein neues Ziel – heil wieder von dort weg und zum vereinbarten Treffpunkt zu kommen, der gute sieben Tagesetappen entfernt lag. So Besorgnis erregende Begleitumstände wie die Tatsache, dass sie inzwischen kaum noch Proviant und Wasser hatte und ihre Augen immer noch ernsthaft verletzt waren, würde sie, das wusste Helen Thayer, dem Basislager in Resolute Bay besser verschweigen. Über Funk (das einzige „Sicherheitsnetz", das sie sich zugestand und allabendlich nutzte) berichtete sie von ihrem arktischen Triumph und schwindelte ihrem Zuhörer anschließend vor: „Ich habe noch für ungefähr zehn Tage Proviant und Brennstoff. Kein Problem."

Was Helen so anschaulich als „Schildkrötenexistenz" beschreibt, galt für die folgenden Tage mehr denn je. „Der Schlitten ist dein Panzer, der dich immer und überall begleitet. Ob du einen halben Schritt nach rechts oder links oder einen großen Bogen machst – er ist immer noch da." Während sie mit frustierender Schwerfälligkeit weiterstapfte (sie war überdies jetzt gezwungen, sich ganz auf Charlies Sehkraft zu verlassen), war sie zu sehr mit jedem einzelnen Schritt beschäftigt, um sich noch mit Horrorvisionen von lautlos heranschleichenden Eisbären zu quälen. „Nach fünf Stunden hatten wir nur knapp fünf Kilometer geschafft, ein Rekord der Langsamkeit. Aber mit einer gewissen Genugtuung sagte ich mir, dass fünf Kilometer besser seien als gar nichts."

Auf ihrem mühseligen Marsch ernährte sich Thayer von kleinen Rationen Walnusskernen, der einzigen verbliebenen Nahrung, und trank Eis, das sie zusammenkratzte und schmolz. Unter „schrecklichem Hunger und Durst" leidend, musste sie nicht nur an ihre ungeheure Willensstärke appellieren, sondern auch von verborgenen Kraftreserven zehren, von deren Existenz sie nichts geahnt hatte. Trotz allem konnte sie sich am 27. Tag, entkräftet wie sie war, noch für die Schönheit der Aussicht begeistern, die sich oberhalb von Kap Halkett bot, einem Plateau, das sie nach einer 150-Meter-Steigung und einem Marsch von sechseinhalb Kilometern unter Aufbietung ihrer letzten Kräfte erreicht hatte. Nicht weit von dieser Stelle entfernt tätigte sie ihren letzten Funkspruch, um dem Flugzeug, das sie aufnehmen sollte, ihre Position durchzugeben.

„Leuchtend lagen die Inseln rings umher im klaren Morgenlicht. Das weite Meereis, über das unablässig der Wind hinwegfegte, dehnte sich leer und grenzenlos unter dem blassblauen Himmel ...Mit einem letzten Blick nach Norden über das funkelnde weiße Eis wandte ich mich zum Gehen und verspürte dabei ein Zögern, das mich überraschte."

Helen und Bill Thayer kehrten 1992 zum Pol zurück. Auf Helens Spuren reisend, waren sie das erste Ehepaar, das die Furcht einflößende Tour unternahm. 1994 wanderten sie fast 1000 Kilometer durch das Yukon-Gebirge, und 1996 legten sie zu Fuß nahezu 2250 Kilometer quer durch die Sahara zurück. Charlie, der Cracker-Fan, der nie zuvor einen Baum oder Regentropfen, geschweige denn Flöhe kennen gelernt hatte, hat unterdessen durchaus Gefallen an der Zivilisation gefunden. Seit der Zeit, in der er und Helen ihr erstes großes Abenteuer bestanden, gehört der Husky zur Familie. ■

Wo die Luft dünn ist

FANNY BULLOCK WORKMAN

1859 – 1925

CATHERINE DESTIVELLE

*1960

„Inmitten der stillen Gletscher und Gipfel der eisigen Wildnis an der nördlichen Grenze Indiens kann [ich] begreifen, warum die Bergbewohner diese Tempel anlegen mussten. Sie wurden erbaut von Architekten, denen niemand das Wasser reichen kann ... mit der Weihe ursprünglicher Volksbräuche."

Vorhergehende Doppelseite: In der Gebirgsgegend des Lubéron, unweit der Ortschaft Oppède-le-Vieux, nutzt Catherine Destivelle ihre ganze anmutige Beweglichkeit und jedes Quäntchen Muskelkraft, um die nackte Stirnwand eines Kalksteinquaders zu erklimmen.

GUY MARTIN-RAVEL

FANNY BULLOCK WORKMAN

1859 – 1925

Der vielleicht berühmteste Schnappschuss aus dem Bilderalbum über Fanny Bullock Workmans umtriebiges Leben zeigt sie dabei, wie sie praktisch auf dem Dach der Welt hingebungsvoll für das Frauenstimmrecht Reklame macht. „Wahlrecht für Frauen" verkündet das Schild, das eine stolze Fanny um eines Rekords willen in die Kamera hält – 6096 Meter über dem Meeresspiegel auf der glänzenden Oberfläche eines entlegenen asiatischen Gletschers.

Doch eine solche öffentlich proklamierte feministische Gesinnung hinderte sie nicht am Ausleben ihres außerordentlich kämpferischen Wesens, sogar – und ganz besonders –, wenn Geschlechtsgenossinnen sie herausforderten. Tatsächlich hatte diese abenteuerlustige Ehefrau und Mutter erst vier Jahre zuvor, 1908, ungeduldig den offenen Kampf mit einer Annie Smith Peck aufgenommen, einer amerikanischen Bergsteigerrivalin. Sie war, so scheint es, verwegen genug gewesen zu behaupten, sie habe Workmans Rekord eingestellt – Fanny war 1906 beim Bergsteigen in Kaschmir bis auf 6954 Meter und damit höher als jede andere Frau zuvor geklettert.

Die verletzende Behauptung Smiths, dass sie bei der Besteigung des Nevado Huascarán in Peru mindestens eine Höhe von 7010 Metern erreicht habe, wurde lediglich durch ihr eigenes Zeugnis untermauert. Auch wusste Fanny Workman, dass Smith wenig Forschungsausrüstung mitgenommen hatte. Aufgrund des Fehlens selbst minimaler stützender Daten geriet die Tollkühnheit, die ihre Rivalin zur Schau gestellt hatte, noch mehr in den Ruch eines Affronts.

„Eine andere Bergsteigerin behauptet, höher als ich gestiegen zu sein“, konstatierte die Respekt einflößende Mrs. Bullock Workman, wie sie lieber genannt wurde, und ging damit in die Offensive. Fanny wusste sehr wohl, dass Behauptungen aufstellen eine Sache, Beweise antreten aber eine ganz andere ist.

Mit einem Rekord, bei dem für sie eine Menge auf dem Spiel stand, beabsichtigte Fanny die Sache so endgültig wie möglich in Ordnung zu bringen. Von keinerlei Zweifeln geplagt, dass sie Recht behalten würde, initiierte sie auf ihre eigenen – beträchtlichen – Kosten „eine sorgfältige Triangulierung“, die von einem unparteiischen Expertenteam französischer Geographen durchgeführt werden sollte. Nach Peru abkommandiert, meldeten die Franzosen, deren Honorar schließlich auf insgesamt 13 000 Dollar kletterte, zurück, der Nevado Huascarán sei lediglich 6648 Meter hoch, 305 Höhenmeter weniger, als Fanny erklommen hatte. Damit triumphierte sie nicht nur in diesem Wettstreit, sondern ihr Rekord im „Frauenklettern“sollte auch als einzigartige Leistung noch weitere 28 Jahre lang fortbestehen.

Die Wahrheit allerdings ist, dass Fanny Bullock Workman, der Spross einer privilegierten Familie, es einfach nicht gewöhnt war, dass ihr das, was ihr zustand, jemals verweigert wurde. Ihr Vater, Alexander Hamilton Bullock, war so erfolgreich wie vornehm, ein Politiker, der in den Jahren unmittelbar nach dem Bürgerkrieg eine Amtsperiode als Gouverneur von Massachusetts fungiert hatte. Indes war Fannys Mutter, Elvira Hazard Bullock, die Tochter eines reichen Geschäftsmanns aus Connecticut. Mit einem älteren Bruder und einer älteren Schwester im Haushalt war Fanny das Nesthäkchen der Familie. Unterrichtet wurde sie zunächst von Privatlehrern zu Hause in Worcester, Massachusetts, und später in einem New Yorker Mädchenpensionat für junge Damen. Dann wurde sie zur Weiterbildung für zwei Jahre nach Frankreich und Deutschland geschickt, wo sie Geschmack am kosmopolitischen Leben und der Welt jenseits von Neuengland fand.

Als sie mit 20 nach Worcester zurückkehrte, lernte sie William Hunter Workman kennen, einen bekannten einheimischen Arzt, der zwölf Jahre älter war als sie, und heiratete ihn zwei Jahre später, 1881. Es sollte eine Partnerschaft im besten und vollen Sinn des Wortes werden. Dem Ehepaar wurde ein Kind geboren, Rachel, es kam 1884 zur Welt, und um 1889, nach zahlreichen Reisen, die sie zwischen Europa und Amerika hin und her führten, wanderten die Workmans auf den Kontinent aus und ließen sich in Deutschland nieder.

Doch zu diesem Zeitpunkt ihrer später gefeierten gemeinsamen Karriere als (waghalsige) Weltreisende von Berufs wegen waren die Workmans in ihren Neigungen eher dem gesellschaftlich Schicklichen verhaftet als konventionsfeindlich. Sie verbrachten die Zeit mit Besichtigungen, dem Besuch von Gemäldegalerien und Konzerten und beschäftigten sich ganz allgemein mit Kultur. Beispielsweise konnte Fanny fünf Konzertsaisonen hintereinander ihrer Leidenschaft für die Musik Wagners bei den jährlich stattfindenden Wagner-Festspielen in Bayreuth frönen, die erst 13 Jahre vorher ins Leben gerufen worden waren.

Während dieser Zeit entdeckte sie, dass der neuerdings populäre Klettersport Anziehungskraft auf sie ausübte. Klettern war etwas, das sie ursprünglich zu Hause in New Hampshire inmitten der Kiefernlandschaft der White Mountains ausprobiert hatte. Als eine der ersten Frauen, die das berühmte Schweizer Matterhorn bestiegen, stellte Fanny erneut ihren Mut unter Beweis, als sie den Gipfel des höchsten europäischen Berges, des Montblanc in den Alpen, stürmte. Doch ihr größter Triumph als Rekord-Bergsteigerin lag noch vor ihr. Für den Augenblick – wie immer in Begleitung des treu ergebenen Dr. Workman – wandte sie sich einer anderen neuartigen Freizeitbeschäftigung zu: dem Radfahren.

Erst in den späten 1880er-Jahren, begann sich die bereits ansteckend wirkende Begeisterung fürs Radfahren – infolge der Entwicklung des Sicherheitsfahrrads (als Alternative zum Hochrad) und der Erfindung des Luftreifens – zu einer regelrechten Epidemie auszuwachsen. Als flexibles Transportmittel, das unabhängig machte, faszinierte das Fahrrad schnell beide Workmans, die bald zur ersten ihrer zahlreichen spannungsreichen Fahrradtouren in die Ferne aufbrachen. Ihre kleine Tochter hatten sie in einem geeigneten Internat untergebracht (wo sie lernte, weitgehend getrennt von ihren Eltern zu leben).

Die Erfahrung, die das Ehepaar aus den täglichen Etappen auf jeder dieser Reisen schöpfte, goss es in kommerziell erfolgreiche Bücher. Teils Kurzbiografien, teils Reiseführer, waren sie für die Radler, die darauf brannten, den Spuren der Workmans zu folgen, regelrechte Bibeln. Mit *Algerian Memories: A Bicycle Tour over the Atlas to the Sahara* (1895) gaben sie ihr Autorendebüt; als nächstes Buch folgte *Sketches A-Wheel in Fin de Siècle Iberia* (1897). Da es sie jedoch nicht zufrieden stellte, sich auf ihren Nordafrika- und Spanienlorbeeren auszuruhen,

Beim Klettern trug Fanny Bullock Workman ein sehr weibliches viktorianisches Gewand. Sie weigerte sich Hosen oder einen Faltenrock zu tragen. Selbst genagelte Schuhe erleichterten das Bergsteigen in schwierigen Gelände (Foto rechts).

THE TRUSTEES OF THE NATIONAL LIBRARY OF SCOTLAND ,

kamen die Workmans auf den Gedanken, sich in den letzten Jahren des Jahrhunderts Richtung Osten aufzumachen; sie radelten 2900 Kilometer durch Ceylon, 2400 in Java, Sumatra, Indochina und Burma und sage und schreibe 22 500 Kilometer durch Indien.

Nichts schien sie zu entmutigen, weder mörderische Hitze noch gefährliche Monsune, weder Überfälle noch bedrohliche Tiere, und das Buch, das aus ihrer beispiellosen Asien-Odyssee auf vier Rädern resultierte, trägt den langen, aber aussagekräftigen Titel: *Through Town and Jungle: Fourteen Thousand Miles A-Wheel Among the Temples and People of the Indian Plain* (1904). Wirklich wichtig ist dieses an sich erstaunliche Erlebnis jedoch aufgrund der Tatsache, dass es der Vorspann für das Geschehen war, das noch auf sie wartete.

Die Workmans hatten in Indien gewissermaßen im „Vorüberradeln" nämlich nicht nur die geheimnisvolle Erhabenheit einer alten Zivilisation aus erster Hand erlebt, sondern auch – auf der Flucht vor der gnadenlosen Hitze des indischen Tieflands 1899 die Erleichterung in den kühlen Bergen suchend – die noch erhabenere Grandiosität des gewaltigen Himalaja, des höchsten Gebirges der Erde, das Indien nach Norden abschließt. Getrieben von ihrer Leidenschaft für die auf keiner Landkarte verzeichneten Eisfestungen, auf die sie einen Blick erhaschen konnten, machten sie sich auf der Stelle daran, Vorkehrungen für ihre Wiederkehr zu treffen.

Der Erforschung und Kartierung dieser einschüchternden Gipfel und gefährlichen Täler sollten Fanny und William die nächsten zwölf Jahre ihres Lebens und Tausende von Wörtern in fünf Büchern widmen: *In the Ice World of Himalaya* (1900), *Ice-Bound Heights of the Mustagh* (1908), *Peaks and Glaciers of Nun Kun* (1909), *The Call of the Snowy Hispar* (1910) und schließlich *Two Summers in the Ice-Wilds of Eastern Karakoram* (1917). Dies war ihr erfolgreichster Reisebericht.

„Die Herberge des Schnees" tauften sie die Gegend in einer poetischen Litanei – um ihre Faszinationskraft zu beschwören, indem sie ihre „Eishallen mit tausend Säulen, die großartig gemeißelten gopuras, die golden bekrönten sikras“ rühmten, „die im Norden Indiens eine 2250 Kilometer lange gleißende Kette des Ruhms, des Schutzes und der Kraft bilden.“

Doch selbstverständlich stand ihre verführerische, überwältigende Schönheit in einem genauen Verhältnis zu ihren Gefahren. Als Alpenveteranen, die die Workmans waren, fühlten sie sich verpflichtet, in der Einführung ihres ersten Werkes über ihre neue Leidenschaft, *In the Ice World of Himalaya*, darauf hinzuweisen, dass jede Kletterpartie im Himalaja unendlich viel anspruchsvoller und gefährlicher sei als irgendein vergleichbarer Aufstieg in der Schweiz.

Und so schätzte das Ehepaar die grundlegend unterschiedlichen Herausforderungen ein: „Im Himalaja gibt es keine Dörfer und Hotels, die in wenigen Stunden von den Gipfeln aus erreichbar wären, keine Schutzhütten, in denen der Bergsteiger eine Pause einlegen und recht komfortabel übernachten könnte, keine Führertrupps, die im Bedarfsfall bereitstehen, um Hilfe zu leisten.“

Es war noch nicht lange her – in der Tat nur 15 Jahre –, als ein unerschrockener Engländer, W. W. Graham, Indiens erstes Sportklettern veranstaltete. Doch selbst nach 15 Jahren war diese Art des Zeitvertreibs noch ungewöhnlich und mit Sicherheit nicht einfach.

Zum Beispiel war fast die gesamte Spezial-Kletterausrüstung, die Fanny und William benutzten, inklusive des Seils, nicht für die Expeditionszwecke entwickelt worden, für die sie verwendet wurde. Improvisation bedeutete in diesem Fall, dass man, um rutschfeste genagelte Stiefel zu erhalten, einfach Nägel in die Sohlen von robusten ledernen Wanderschuhen schlug. Und Sauerstoffgeräte zur Erleichterung des Kletterns in extremer Höhe standen noch nicht zur Verfügung.

Was Fannys eigene Klettermontur anbelangte – ungeachtet ihrer Haltung zur Frage der Frauenrechte –, so verzichtete sie weiterhin, wie sie es immer getan hatte, darauf, zugunsten der

Bewegungsfreiheit jemals Hosen oder gar einen Hosenrock zu tragen. Auch bevorzugte sie Hüte, dicke Schals und schützende Schleier. Als sich der Vorhang zu diesen Himalaja-Abenteuern hob, war sie 40 Jahre alt, klein von Statur, schwer gebaut und nach so vielen Jahren energischen Radfahrens außerordentlich fit.

Für die nächsten 13 Jahre sollten Fanny Bullock Workman und William die vereisten Hochebenen und die heimtückischen Gipfel des Karakorum zu ihrem ureigenen Reiseziel machen. Als Bergkette, die westlich an den Himalaja angrenzt, aber als separates Gebirge gilt und Außenseitern lange verschlossen blieb, war der Karakorum Zentralasiens einsamste Gegend und überdies das Gebiet, über das man am wenigsten wusste – und das Fanny daher am verlockendsten erschien.

Später, in *Two Summers in the Ice-Wilds of Eastern Karakoram*, sollte sie ihre Empfindungen für diese Landschaft folgendermaßen ausdrücken: „Trotz der Härten und Hindernisse, auf die wir stießen, gewann [sie] immer mehr Herrschaft über meine Seele …" Eine besondere Herausforderung stellte der im hintersten Winkel verborgene, 74 Kilometer lange Siachen Glacier dar, der längste, breiteste und unzugänglichste Gletscher Asiens.

Zu den ersten Meisterleistungen beim Klettern, auf die Fanny während ihrer persönlichen Belagerung des Karakorum Anspruch erhob, gehörte die Besteigung des 6400 Meter hohen Mount Koser Gunge, mit der sie den Rekord im „Frauenklettern" brach. Und die Welt jenseits von Indien nahm es zur Kenntnis, was nur natürlich war, denn sie und William waren aufgrund ihrer Reiseschriftstellerei bereits echte Medienstars. Doch Fanny, die die neuerliche, ausschließlich ihr geltende Lobhudelei genoss, sah sich zu weiteren Aufmerksamkeit erregenden Rekorden angestachelt und begann, sich nach entsprechenden Möglichkeiten umzusehen.

So machte sie sich bald daran, ihren eigenen Höhenrekord auf dem Mount Lungma zu überbieten; dort, in der Baltistan-

Region des Karakorum, erreichte sie eine Höhe von 6878 Metern. Drei Jahre nach diesem Erfolg stellte sie bei ihrer Besteigung des Pinnacle Peak im Nunkun-Massiv in Kaschmir mit 6954 Metern einen neuen Rekord auf. Auf diese Höhe wurde ihre ursprüngliche Behauptung, 7010 Meter bewältigt zu haben, letztlich korrigiert. Doch reichte sie aus, um weitere 28 Jahre lang unbezwungen zu bleiben.

1912 schließlich drangen Fanny und William bei ihrem achten und letzten Vorstoß in das Gebiet tief in den östlichen Karakorum vor, um den Siachen oder Great Rose Glacier zu vermessen. Diese Expedition leitete Fanny – sie und William wechselten sich von Reise zu Reise mit der Führung ab –, und ihre Tätigkeiten zur kartographischen Erfassung wurden von der Royal Geographic Society und der Survey of India finanziell unterstützt.

Einen zuvor unentdeckten Pass durch die Berge unweit des Siachen Glacier ausfindig zu machen war bloß eines der Hauptverdienste Fannys auf dieser strapaziösen Reise. Auch war es ein erhebendes Gefühl für sie, eine neue Route durch auf keiner Karte verzeichnete Schneefelder zum gigantischen Kalberg Glacier aufspüren zu können. (Weniger hingerissen war sie allerdings von Falschmeldungen über ihren angeblichen Tod aufgrund eines Sturzes in eine Gletscherspalte, die Hunderte von verfrühten Nachrufen in Zeitungen rund um den Globus nach sich zogen.)

Ihre ernst zu nehmenden Beiträge zur geographischen Erschließung dieses Gletschermassivs und seiner Umgebung brachte den Workmans zum ersten Mal aufrichtige Anerkennung von ihresgleichen ein. (Allerdings verzögerte sich die Publikation von *Two Summers in the Ice-Wilds of Eastern Karakoram* infolge des Ausbruchs des Ersten Weltkriegs in Europa im Spätsommer 1914 bis 1917.) Vor der triumphalen Siachen-Expedition hatten die meisten Gelehrten und Wissenschaftler dazu geneigt, in dem Doktor aus Massachusetts und seiner Frau tatkräftige, aber unbedeutende Forscher und vor allem Menschen zu sehen, die auf eine typisch amerkianische – vulgäre – Art und Weise Werbung in eigener Sache machten.

Jetzt jedoch hatte die Bewunderung überwogen, und manchmal schwang nicht einmal Neid darin mit. Der bedeutende skandinavische Forscher Sven Hedin, dessen eigenes Revier Zentralasien war, äußerte, *Two Summers in the Ice-Wilds* sei „einer der wichtigsten Beiträge für unsere Kenntnis dieser Berge, die je geliefert worden sind".

Als Fanny und William 1913 aus Indien nach Europa zurückkehrten, ließen sie sich in Südfrankreich nieder. Fanny, die häufig zu Vorträgen in Alpenklubs, bei wissenschaftlichen Gesellschaften und anderen Organisationen eingeladen war, war ebenso Mitglied der Royal Geographical Society wie korrespondierendes Mitglied der Geographic Society of Washington.

Aufgrund ihrer Schulausbildung auf dem Kontinent und ihrer langjährigen Reisen sprach Fanny genauso gut Französisch wie Deutsch und Italienisch und wurde von den berühmten geographischen Gesellschaften Frankreichs, Deutschlands und Italiens ausgezeichnet oder war deren Mitglied. Als stolze Amerikanerin in der Fremde jedoch hielt sie auch weiterhin ihre Beziehungen zum American Alpine Club und zum Appalachian Mountain Club of Boston aufrecht.

Fanny gilt als erste Amerikanerin, die gebeten wurde, einen Vortrag an der Pariser Sorbonne zu halten, und sie war die zweite – nach Isabella Bird Bishop –, die nach London eingeladen wurde, um vor der Royal Geographic Society zu referieren.

Fanny Bullock Workman starb 1925 in Cannes, knapp zwei Wochen nach ihrem 66. Geburtstag. Einen Teil ihres Erbes hinterließ sie höchst bemerkenswerterweise vier Frauencolleges: Radcliffe, Bryn Mawr, Smith und Wellesley. Eines ihrer Ziele beim Schreiben über die Eroberung des Mount Koser Gunge mehr als zwei Jahrzehnte zuvor hatte sie folgendermaßen beschrieben: „Zugunsten von Frauen, die vielleicht niemals über 4876 Meter gestiegen sind, aber mit dem Gedanken spielen, es zu tun, werde ich hier meine ganz persönlichen Erfahrungen wiedergeben."

Ihr treuer William schloss eine lange Eloge mit folgenden Worten: „Sie war eine enge Freundin und eine treu ergebene Ehefrau." Ihre letzte Reise trat Fanny allein an: Ihre Asche wurde heim nach Worcester geschickt und dort auf dem Rural Cemetery beerdigt. ■

„Für mich besitzt der Fels Seele."

CATHERINE DESTIVELLE

*1960

Wenn die französische Alpinistin Catherine Destivelle einen Berg erklettert, tut sie das mit solch erstaunlicher Anmut, das es aussieht, als habe sie sich den Berg zum Tanzpartner erwählt.

Als Performances betrachtet, sind ihre schwierigen Klettertouren selbst choreographierte Ballette der Kühnheit und Präzision. An sportlicher Gewandtheit übertreffen sie die spektakulärsten Hochseilakte, und als Geste des Respekts gegenüber den gewaltigsten Erscheinungsformen auf unserem herrlichen Planeten enthalten sie nicht nur Elemente der Eroberung, sondern auch Aspekte einer Pilgerreise.

Die atemberaubenden Leistungen Catherines als Bergsteigerin – sie durchstieg unter anderem die legendäre Eiger-Nordwand, den 6240 Meter hohen Nameless Tower im Karakorum und den tibetischen Xixabangma westlich des Mount Everest

– brechen jedoch nicht nur Rekorde, sondern verleihen auch ihren Sehnsüchten Gestalt und Kraft.

Wie so viele andere Abenteurer, die ihrer inneren Stimme gefolgt sind, um die gefährlichsten Grenzbereiche der Erfahrung zu durchqueren, musste sie erst lernen, den ablenkenden Rummel zu ignorieren, der auf jeden ihrer Triumphe folgte.

Hinzu kommt, dass die öffentlichen Reaktionen noch weit lautstärker ausfallen, wenn die Medien eine täuschend grazil wirkende Frau im Zusammenhang mit einem so mörderischen Sport präsentieren. Da sie ausgesprochen attraktiv ist, stand Catherine Destivelle schon immer vor der Notwendigkeit, es entweder mit Heerscharen von Pin-up-Girls aufzunehmen oder schlicht zu akzeptieren, dass es zum Job der Schlagzeilenjournalisten und Fotoredakteure gehört, sie in erster Linie über ihr Aussehen zu definieren.

„Manchmal möchte ich berühmt sein und manchmal nicht“, bekannte sie einmal. Im Laufe der 15 Jahre, die sie schon im Rampenlicht der internationalen Medien steht, wurde sie feierlich zur „Königin der Felsen“, zum „Star der Berge“ oder zur *„grande dame des sommets“* gekürt. Deshalb weiß sie nur zu gut, wie schwierig es ist, weiter ruhig und konzentriert die eigenen Ziele zu verfolgen, „wenn die Leute in einer Weise über einen sprechen, dass man sich selbst nicht wiedererkennt“.

Die enge Beziehung zu den Bergen, die Catherine in zwei Jahrzehnten aufzubauen gelernt hat, eine Beziehung, in der die Berge ihre bedrohlichen Geheimnisse enthüllen dürfen, war nicht unbedingt das, was ihren Eltern vorschwebte, als sie Catherine 1972 ermutigten, dem örtlichen Alpinistenklub beizutreten. Ihre Mutter und ihr Vater hatten sich damals lediglich erhofft, ein geeignetes Ventil für die überschäumende Energie ihrer unerschrockenen zwölfjährigen Tochter zu finden. „Ich war ein lebhaftes Kind“, sagt Catherine lachend. „Ich hatte immer das Bedürfnis, draußen zu sein und herumzutollen.“

Während sie Mitte der 1970er-Jahre in den südlichen Randbezirken von Paris heranwuchs, widmete sie schon bald ihre Wochenenden und Ferien den Herausforderungen ihres fesselnden neuen Hobbys. „Mir war noch nicht klar, dass ich klettern würde ...Anfangs wollte ich einfach nur in den Bergen und bei den Kühen und Schafen sein", erklärte sie.

Aber ihre Alpinistenklub-Wochenenden gingen schon sehr bald über „Heidi"-Spiele hinaus, und welch einfache ländliche Freuden auch immer sie dort erfuhr, sie wurden bald überlagert von einem komplexeren Gefühl der Entschlossenheit: „Ich folge immer meinen Instinkten, und damit liege ich eigentlich nie falsch."

Mit 17 Jahren hatte Catherine angefangen, sich an Wochenenden in die Berge davonzustehlen, um ihre waghalsigeren Kletterpläne vor ihren besorgten Eltern, die sich verständlicherweise inzwischen fragten, auf was sie sich da eingelassen hatten, zu verheimlichen. Zu deren großer Freude begann Catherine jedoch gleich nach ihrem letzten Gymnasialjahr eine Ausbildung als Physiotherapeutin.

Als sie ihre Ausbildung abgeschlossen und bald auch einen Arbeitsplatz gefunden hatte, schien sie ihre Ziele, jedenfalls für den Moment, erreicht zu haben: Sie hatte sich einen soliden, durch und durch respektablen beruflichen Status erarbeitet. Und obwohl sie das Klettern so leidenschaftlich liebte wie eh und je, handelte es sich in Catherines Augen immer noch um ein Freizeitvergnügen. Doch das Schicksal wollte es anders.

Eines Tages – „rein zufällig", wie Catherine sagt – fragte ein Bekannter sie, ob sie in dem Film, an dem er gerade arbeitete, eine Rolle als Bergsteigerin übernehmen wolle. Zu dieser Zeit stand sie in der lokalen Amateurszene, einer Gruppe von passionierten Kletterern, die sich regelmäßig irgendwo in den Felswänden im Wald von Fontainebleau begegneten, in dem Ruf, „schnell" zu sein.

Jeder, der mit kleinem Budget einen Kletterfilm drehen wollte, würde diese Schnelligkeit ganz sicher als Segen empfinden. Außerdem war sie natürlich auch noch fotogen.

Als sie ihre Arbeitsstelle kündigte (ihren Eltern hatte sie allerdings versichert, sie käme in drei Monaten zurück), war Catherine, wie sich herausstellen sollte, schon dabei, den Kompass ihres Lebens neu auszurichten.

„Die Natur ist viel stärker als man selbst, also sollte man eine gewisse Bescheidenheit mitbringen", lautet eine ihrer klugen Beobachtungen. Die Bedeutung ihrer eigenen Stärke kann trotzdem niemals überschätzt werden, haben wir es doch mit einer Frau zu tun, die sich den Rücken verletzt hat und weiter geklettert ist, einen Beckenbruch erlitt und weiter geklettert ist, sich das Bein gebrochen hat und weiter geklettert ist.

Doch Catherine sieht diese Erlebnisse, die andere für schrecklich halten, sehr viel nüchterner. Als sie 1985 ihren ersten schweren Unfall erlitt, war sie gerade in Chamonix, am Fuß des Montblanc in den Savoyer Alpen.

„Ich hatte vergessen, dass ich über einen Gletscher lief", sagt sie heute, fast belustigt angesichts ihres so elementaren Fehlers, obwohl der daraus folgende Sturz in eine Gletscherspalte ganz und gar nicht lustig war: Schwere Rückenverletzungen waren die Folge.

Kaum hatte sie sich mit der Unterstützung eines Kameraden aus der 35 Meter tiefen Spalte herausgekämpft, setzte sie auch schon ihre Klettertour fort, ohne sich, so sagt sie, der Schwere ihrer Verletzung bewusst gewesen zu sein. Die Ergebnisse der medizinischen Untersuchung sprachen jedoch eine ganz andere Sprache. Und doch war sie keine zwei Monate später bereits wieder auf den Beinen. Die Berge hatten sie ein weiteres Mal in ihren Bann gezogen.

Neugierig darauf, wie es ihr wohl in der kontrollierten Atmosphäre eines Wettkampfs ergehen würde, reiste Catherine noch im selben Jahr nach Italien, wo sie an einem gerade ins

Leben gerufenen internationalen Kletterturnier teilnahm. Sie erreichte in allen drei Wertungskategorien – Technik, Schnelligkeit und Stil – die höchste Punktzahl und landete auf dem ersten Platz.

Diesen Triumph sollte sie in jedem der folgenden fünf Jahre wiederholen.

„Die Journalisten", so ihr bitterer Kommentar, „interessieren sich nur für dein Image. In diesem ersten Jahr war mir das Bild, das sie sich von mir machten, peinlich. Als ich im nächsten Jahr gewann, kam ich schon besser damit zurecht."

Dennoch lehnte sie schon 1991 die Teilnahme an Wettkämpfen ab – nicht nur, weil ihre Erfolge vorhersehbar geworden waren. „Die Art, wie man in solchen Wettkämpfen klettert, mit Seilen, ist nur eine Art Gymnastik, ohne jedes Risiko. Berge zu erklettern, das ist das wirkliche Abenteuer."

Catherine Destivelle hat sich kühn an vielen der zahlreichen Gipfel jeder Klima- und Zeitzone gemessen. Am liebsten folgt sie dem Winter rund um den Globus, da, wie sie erläutert, in vereisten Landschaften die wenigsten Überraschungen zu erwarten sind.

So unternahm sie 1992 eine Winterbegehung der Eiger-Nordwand („der lebensgefährlichsten Wand der Alpen") und erklomm den imposanten Latok-Pfeiler in Pakistan. 1993 kehrte sie in die Schweiz zurück, in die Grandes Jorasses (die mit Eiger und Matterhorn das Furcht einflößende Triumvirat des Alpenzuges bilden). Dann zog es sie wieder nach Asien, wo sie in Nepal sowohl den Annapurna als auch den Makalu, den fünfthöchsten Gipfel der Welt, bestieg.

Zwei ihrer bekanntesten und atemberaubendsten Expeditionen fanden jedoch schon 1990 statt. In jenem Jahr unternahm sie ihre in die Geschichte eingegangene Freiklettertour auf den Trango im Karakorum, auch Nameless Tower genannt, und in Frankreich erklomm sie allein den 603 Meter hohen Bonatti-Pfeiler in der zur Montblanc-Kette gehörenden Petit-

Dru-Region. Auch wenn die klassische Route an der Nordwand der Petit Dru schon einige Male bewältigt worden war, war dies seit der Besteigung durch den Meisteralpinisten selbst das erste Mal, dass jemand Walter Bonattis Spuren ganz allein folgte. Verglichen mit seiner Expedition, die 1955 eine fünf Tage währende Tortur gewesen war, nahm sich Catherines Gipfelsturm allerdings dank wesentlich günstigerer Umstände wie ein verblüffender, mit bloßen Händen bewältigter Vier-Stunden-Expresstrip aus.

Als sie 1991 wieder zur Westwand der Drus zurückkehrte, führten ihre Anstrengungen zu ganz neuen Resultaten, denn nun erschloss sie sich ihre eigene Route. Aufgrund ungünstiger Witterungsverhältnisse sah sie sich außerdem gezwungen, mehrere Biwaks praktisch frei schwebend zu errichten. Diese Tour war ein elftägiger Härtetest mehr als 900 Meter über dem Meeresspiegel, eine heroische Einzelkämpferleistung, die ihr Beifallsstürme einbrachte. Die „Destivelle-Route" war die erste Felskletterroute der Alpen, die je nach einer Frau benannt wurde.

„Man muss lernen, in den Felswänden zu lesen", sagt sie. „Das erfordert eine bestimme Geisteshaltung. Man bricht auf, wenn man sich gut fühlt, und wenn man bereit ist, fängt man einfach an zu klettern." Laut Catherine erreicht man „eine Art anderen Zustand, der sehr konzentriert ist, die Gedanken sind auf nichts als das Klettern gerichtet. Man hat nicht einmal das Ziel, den Gipfel, im Kopf ... Es gibt nur Füße, Hände ... Füße, Hände."

Das von ihr entwickelte Selbstsicherungssystem, das es ihr ermöglicht, nahezu jede Felswand fast nur mit Händen und Füßen zu bezwingen, stellt einige Anforderungen: Man braucht eine fast übermenschliche Balance und Ruhe, auf einer sehr tiefen, mehr intuitiven Ebene funktionierende Instinkte und, vor allem, einen unbeirrbaren Glauben an sich selbst. Ebenso entscheidend ist es, den richtigen Rhythmus zu finden, außerdem sind, in Catherines Worten, „da oben ... schnelle Reaktionen" vonnöten.

Wieder auf den Spuren ihres Vorbilds Bonatti, folgte sie 1994 seiner Route an der Nordwand des Matterhorns, die

Walter Bonatti 1965 als Krönung seiner Karriere in einer Solobegehung eröffnet hatte. Ein „höllisch schwieriger" Aufstieg für eine *femme fragile* wie Catherine – jedenfalls in den Augen der Presse, die es eigentlich hätte besser wissen müssen.

Sie verbesserte seine Zeit um zwei Tage und konnte nun, nachdem sie endlich auch die letzte Wand des Dreiergespanns bezwungen hatte, zufrieden sein. Seit Bonatti hatte kein Kletterer auch nur den Versuch unternommen, die Nordwand des Matterhorns allein zu durchsteigen.

Als Catherine zwei Jahre später zusammen mit ihrem Ehemann Erik Decamp versuchte, eine noch nie zuvor durchstiegene Wand der Ellsworth Mountains in der Antarktis zu bezwingen, ließ sich die Katastrophe, wenn auch nur um Haaresbreite, gerade noch einmal abwenden. (Das Ellsworth-Territorium ist nach dem amerikanischen Forschungsreisenden und Weggefährten von Roald Amundsen, Lincoln Ellsworth, benannt, der 1936 als Erster die Antarktis überflogen hatte.)

„Ich hatte an einem Abhang das Gleichgewicht verloren", berichtet Catherine ohne jede Umschweife. „Es war in über 4200 Meter Höhe, und ringsherum gab es nichts, keine Funkmöglichkeit, keinen [möglichen] Rettungstrupp. Mein Bein war gebrochen, ein offener Bruch. Ich versuchte mich weiterzuschleppen, aber es blutete. 16 Stunden seilten wir uns in 25,15-Meter-Intervallen ab ...Als wir das Zelt erreichten, kam [plötzlich] ein Sturm auf, und wir saßen drei Tage lang fest."

Als die 36-jährige Catherine 1996 mit ihrem ersten Kind im dritten Monat schwanger war, reiste sie nach Schottland, um alleine den Old Man of Hoy, einen 137 Meter hohen Sandsteinturm, zu erklettern. Von einem einzigen Abschnitt abgesehen, war es eine Tour ohne Seil. Wie meistens wurde sie von Erik begleitet, der nicht nur ihr treu ergebener Helfer und erfindungsreicher „Feuerwehrmann" ist, sondern auch selbst ein erfahrener Bergführer und Kletterer.

In Thailand war Catherine einmal das ungewöhnliche Vergnügen zuteil geworden, unterhalb der Nester seltener Schwalben abschüssige Felswände zu erklimmen; bei anderen Expeditionen pflegte sie Vögel oft begeistert als ihre besten Gefährten zu bezeichnen. Hier jedoch sollte sich eine auf den Orkneys beheimatete Vogelart als ihrem Charme weit weniger zugänglich erweisen.

Eine Skua, eine große Raubmöwe, war aggressiv genug, um Catherine, die sie, schon in Reichweite ihres Ziels in der Felswand hängend, während einer kurzen Atempause freundlich begrüßte, statt einer Erwiderung beiläufig ihren Mageninhalt ins Gesicht zu würgen.

Dieses wenig gastfreundliche Verhalten war jedoch nur eines der geringeren Probleme: Die Stürme, die sie schon bei ihrer Ankunft empfangen hatten, und Witterungsbedingungen, die selbst für eine so öde nördliche Gegend extrem ungünstig waren, hätten das Unternehmen beinahe endgültig zum Scheitern gebracht. In der Tat ist Catherine seitdem von der Widerstandsfähigkeit der Bewohner dieses Teils der Welt gegenüber den grausamen Unbilden der Witterung äußerst beeindruckt.

„Die Schotten sind wirklich erstaunliche Menschen. Sie sind bei jedem Wetter draußen", sagte sie 1998 bei ihrer Rückkehr von der Besteigung des Ben Nevis. Diesmal wurde sie außer von ihrem Mann auch von ihrem Sohn Victor begleitet. „[Ben Nevis] ist nicht sehr hoch", räumte sie ein. Doch möglicherweise war diese Reise in ihren Augen vor allem eine Art Initiation für ihren Sohn, der gerade erst begonnen hatte, aus seinem Kinderbettchen zu klettern – die Vorbereitung auf ein Leben in der Vertikale, das seine mit den Bergen tanzende *maman* zu dem ihren gemacht hatte. ■

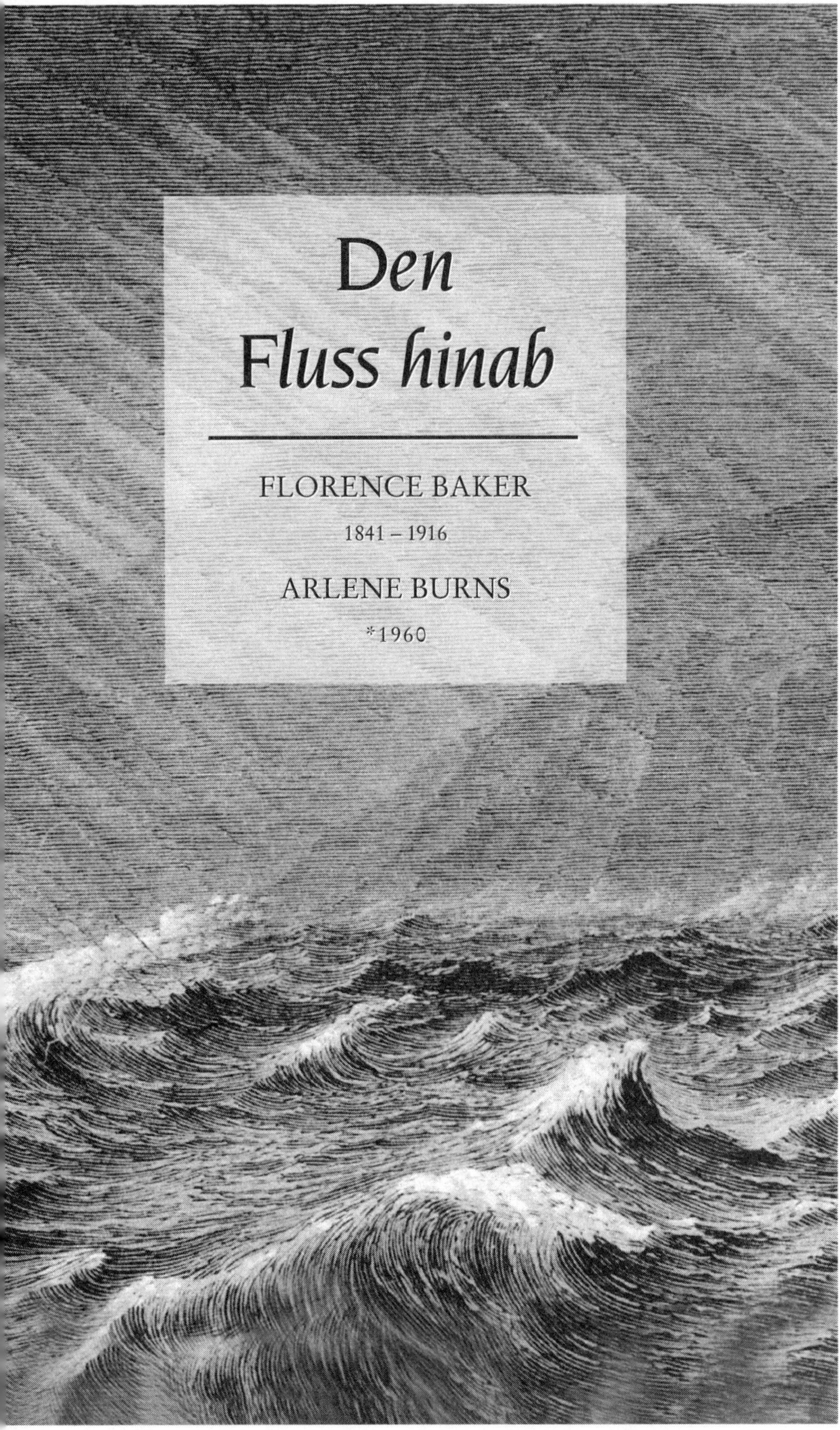

Den Fluss hinab

FLORENCE BAKER

1841 – 1916

ARLENE BURNS

*1960

„Meine Füße wurden wunder und wunder, mussten wir doch manchmal 26 Kilometer durch zwei oder drei Fuß tiefes Sumpfland zurücklegen."

VORHERGEHENDE DOPPELSEITE: *Florence Baker und ihr zukünftiger Ehemann Samuel inmitten eines Sturms, der ihr Boot zum Kentern zu bringen droht. Mit diesem Boot erforschten sie den Albertsee, eine der Nilquellen in Zentralafrika.*

ROYAL GEOGRAPHICAL SOCIETY

FLORENCE BAKER

1841 – 1916

Florence Barbara Maria Finnian von Sass: Niemand scheint je gewusst zu haben, ob das ihr wirklicher Name war – er hätte einem romantischen Abenteuerroman entsprungen sein können: Sie war eine zart wirkende, blonde junge Frau, die beinahe als Sklavin verkauft worden wäre, dann aber in letzter Minute vor einem Schicksal bewahrt wurde, das, wie das Sprichwort sagt, schlimmer ist als der Tod.

Sie wurde 1841 in eine Familie hineingeboren, die später in einem der zahlreichen Bürgerkriege Osteuropas einem Massaker zum Opfer fiel. „Schüsse, Messer, Schreie, Leichen und Feuer" waren alles, was ihr von diesem schicksalshaften Tag, der die Siebenjährige zur Waise machte, in Erinnerung blieb.

Offenbar hatte ein freundlicher Mensch sie vor den gewalttätigen Marodeuren versteckt. Zehn Jahre später sollten weniger günstige Umstände sie hilflos auf einem osmanischen Sklavenmarkt landen lassen. Diesmal war ihr Retter ein echter englischer Gentleman, dem es schließlich gelang, die anderen Kaufinteressenten zu überbieten. Später gestand er, die Liebe habe ihn getroffen wie ein Blitz aus heiterem Himmel. Dieser Engländer hieß Samuel White Baker, und für den Gegenwert von einem Pfund in Straußenfedern, so heißt es, ersparte er der17-jährigen Florenceein grausames Schicksal.

„Ich verdanke Sam alles", pflegte Florence Baker zeit ihres Lebens zu sagen, ohne jedoch jemals näher auf die höchst ungewöhnlichen Umstände einzugehen, unter denen sie ihrem späteren Ehemann begegnet war.

Samuel Baker zog es ebenfalls vor, sich, was dieses Thema betraf, in Schweigen zu hüllen. Der ungebundene 38-jährige Witwer, dessen Kinder von Verwandten in England versorgt wurden, war sich der Tatsache wohl bewusst, dass er diese neue Verbindung, die ihn so unerwartet in Beschlag nahm, der feinen Gesellschaft weder erklären konnte noch sie deren Urteil aussetzen wollte.

Die einzig mögliche Lösung bestand darin, einen sicheren Abstand zu jenen kultivierten Kreisen zu wahren, die zweifellos mit Missbilligung oder gar Ächtung reagieren würden. Daher schifften sich Samuel und Florence Baker (sein Anstand und seine tiefe Verehrung gestatteten es ihr, schon Jahre, bevor sie rechtmäßig verheiratet waren, seinen Namen zu führen) nach Afrika ein. Damit begann ihre gemeinsame Laufbahn, die ihm schließlich den Ritterschlag eintragen und ihr, in den Worten eines Historikers und Bewunderers aus dem 19. Jahrhundert, „einen Ehrenplatz in der Geschichte Afrikas" sichern sollte.

Das Paar war in der Absicht nach Afrika gekommen, den genauen Ursprung der Nilquellen zu lokalisieren. Das war ein hoch gestecktes Ziel, und es brachte den wohlhabenden Samuel und Florence in direkte Konkurrenz zu einer Reihe ruhmsüchtiger Rivalen, zu denen auch der Schotte David Livingstone und sein englischer Kollege John Speke gehörte, dessen Weg sie später kreuzen sollten. (Samuels Teilnahme an der Livingstone-Expedition war abgelehnt worden, da deren Leiter ihn für eine Art dilettierenden Sportsmann hielt.)

Nachdem sie am 15. April 1861 aus Kairo aufgebrochen waren, wurden die beiden zu erprobten Kämpfern gegen die unablässigen Prüfungen, die das finstere Herz des Kontinents mit seinen klimatischen Extremen und seinen Stammesfehden selbst den erfahrensten Reisenden auferlegte. Sie hatten die Nubische Wüste durchquert, Temperaturen von 43 Grad Celsius im Schatten ertragen, in ihrem Schlafzelt eine räuberische Hyäne erlegt und mehr als ein Mitglied ihrer Gruppe im öden Sumpfland des Nils begraben. Allein ihrer Willensstärke war es zu verdanken, dass Samuel und Florence alle Gefahren von meuternden Trägern bis zu malariaverseuchten Gewässern überlebten.

Im Juni 1862 machten die Bakers Station in Khartum (heute die Hauptstadt des Sudan), einer Stadt, in der raue Sitten herrschten, und zugleich der letzten Ansiedlung am Nilufer, die per Schiff erreicht werden konnte. Die Mutter des niederländischen Forschungsreisenden Alexine Tinné, die sich zur gleichen Zeit in der Stadt aufhielt, notierte in ihr Tagebuch:

„Ein berühmtes englisches Paar ist eingetroffen. Samuel und Florence Baker reisen nilaufwärts, um Speke zu finden. Sie sind in Äthiopien gewesen, und ich hörte, sie habe einen Elefanten erlegt! Sie trägt Hosen und Gamaschen und einen Gürtel und eine Bluse. Sie folgt ihm überallhin."

Die Bakers blieben sechs Monate lang in der Stadt, die ein Umschlagplatz des Sklavenhandels war, und trugen alles Nötige zusammen, bevor sie die nächste Etappe in Angriff nahmen, die sie 1650 Kilometer nilaufwärts zu einer abgelegenen Stadt mit dem Namen Gondokoro führte.

Bevor sie in Richtung Süden aufbrachen, stießen sie zu ihrer Überraschung auf ihre Forscherkollegen John Speke und James Grant, an deren Überleben sie bis zu diesem Moment gezweifelt hatten. Speke und Grant wiederum waren verblüfft,

Durch Nordafrika reisten die Bakers unter verhältnismäßig luxuri
keiten sie bei ihrer Suche n

auch Florence in Khartum anzutreffen, und missbilligten Samuels stillschweigende Erwartung, dass sie ihn selbst in die gefährlichsten Gegenden begleiten werde. Sie begriffen nicht, wie er einer Dame etwas zumuten konnte, das sie für höchst riskant hielten.

Den Bakers hingegen sank der Mut, als sie erfuhren, dass Speke und Grant ihren Claim als die ersten europäischen Erforscher des Viktoriasees, der Hauptquelle des Nils, bereits abgesteckt hatten. Sie schöpften jedoch neue Hoffnung, als nach und nach verlockende Einzelheiten über einen geheimnisvollen zweiten, noch nicht kartographierten See ans Licht kamen. Speke und Grant, die selbst daran gehindert worden waren, den See zu erreichen, warnten ihre Freunde eindringlich vor dem berüchtigten König Kamrasi, einem Provinzherrscher, der

ROYAL GEOGRAPHICAL SOCIETY

tänden – noch ohne die leiseste Ahnung, auf welche Schwierig-
Quelle des Nils stoßen würden.

gewöhnlich für unangenehme Überraschungen sorgte. Da dieser Despot jedoch über das Zentrum jenes Territoriums herrschte, das sie durchqueren mussten, würde es nahezu unmöglich sein, ihm aus den Weg zu gehen.

Die Idee, sich auf die Suche nach Luta N'Zige oder „Tote Heuschrecke“, wie die Afrikaner den See nannten, zu begeben, erfüllte Florence und Samuel mit neuer Begeisterung. Sie begannen Pläne zu schmieden, freilich ohne zu ahnen, dass sie mehr als ein Jahr brauchen würden, um sich bis zu Kamrasis Reich durchzuschlagen, und ein weiteres Jahr, um zu dem sagenhaften See zu gelangen.

Als böswillige Kontrahenten rund um Gondokoro Versuche anzettelten, ihnen Vorräte und andere lebensnotwendige Unterstützung zu rauben – so wurden die Bakers als ausländische Spione verleumdet und zum Gegenstand von Angst und Misstrauen –, war es Florence, die mit ihrer Willensstärke und vernünftigen Argumenten den Schaden, den solche Sabotageakte anrichteten, meist zu begrenzen vermochte. Mit einem ihrer Gegenspieler, einem feindlich gesinnten Sklavenhändler namens Ibrahim, wurde sie auf besonders geschickte Weise fertig. Nachdem sie Gondokoro verlassen hatten, wurde ihnen klar, dass sie unter allen Umständen einen Geleitschutz brauchten, den Ibrahims Karawane, so glaubten sie, ihnen geben konnte; doch jede List, mit der sie ihn dazu zwingen wollten, schlug fehl.

Als sie aufgehalten wurden und er an ihnen vorbeizureiten gedachte, ersuchte Florence ihn schließlich direkt um Hilfe. Unwillig hielt der Händler inne. Dieses kleine Zögern bot die Gelegenheit, auf die Florence und Samuel gewartet hatten, um ihrer Bitte Nachdruck zu verleihen. Ibrahim hatte andere Gründe, Florence gewogen zu sein: Ihre Freundlichkeit gegenüber seiner Tochter, die manchmal mit ihm reiste, hatte ihn berührt und machte ihn bald zum wichtigsten Verbündeten der Bakers. In den albtraumhaften Monaten, die ihnen bevorstanden, sollte er sich noch oft als Retter in höchster Not erweisen.

Im Territorium des Obbo-Stammeshäuptlings Katchiba (der angeblich 116 Nachkommen gezeugt hatte und sich von einem Sklaven auf den Schultern tragen ließ), das sie als Nächstes erreichten, fand Samuel sich zu seiner Überraschung bald in der Rolle des stellvertretenden Regenmachers wieder. Florence und er sehnten sich danach, das Obbo-Gebiet endlich verlassen zu können, aber alle ihre Pferde, Kamele und Esel waren krank geworden und verendet, und so waren sie gezwungen, monatelang zu warten, bis Ibrahim sie mit Ochsen versorgen konnte – Tiere, deren gemächliche Gangart ihnen wegen ihres momentanen Erschöpfungszustands entgegenkam. Kaum waren ihre Chininvorräte zur Neige gegangen, da wurden sie auch schon von Malariafieber und Entkräftung gepeinigt. Von da an ging es bergab: Einem düsteren Bericht über ihre Missgeschicke zufolge rannten Ratten durch ihr Zelt, während sie dort lagen, zu krank, um sich zu rühren, und Heerscharen von weißen Ameisen krochen über ihre Körper. Einige ihrer Diener blieben ihnen weiterhin treu ergeben, andere hingegen zeigten zunehmend ihr wahres, opportunistisches Gesicht.

Eine Umkehr stand trotz allem nie zur Debatte.

Im Januar 1864 waren sie schließlich wieder bereit zum Aufbruch. Ihre Obbo-Träger – die zu diesem Zeitpunkt nicht mehr sehr zahlreich und überdies in miserabler Gemütsverfassung waren – ließen sie schon bald im Stich. Dann trug Florence eine schmerzhafte Verletzung davon, als ihr Ochse sie abwarf. Samuels Ochse war schon bei der erstbesten Gelegenheit durchgegangen und in den Busch gestürmt. Ihr Führer, das war beunruhigend offensichtlich, brachte sie mit voller Absicht meilenweit von ihrem Weg ab.

Als sie am 22. Januar wieder in Sichtweite der Stromschnellen des Nils gekommen waren, trennten sie nur noch ganze 97 Kilometer von Luta N'Zige. Da sie jedoch nicht über eine Karte dieser Gegend verfügten, konnten sie nicht wissen, wie nahe sie dem Ziel ihrer Wünsche schon gekommen waren. Ungeduldig drängten sie vorwärts. Als sie Kamrasis Territorium endlich erreichten, bestand die Begrüßungszeremonie in einem Scheinangriff, der ihnen die Haare zu Berge stehen ließ.

Zu dem Zeitpunkt, an dem sie auf den Mann trafen, den sie für König Kamrasi hielten (in Wirklichkeit handelte es sich um einen Bruder des Königs, der sich als dieser ausgab), um eine Passiererlaubnis bis Luta N'Zige zu erhalten, war ihre Geduld nahezu erschöpft. Immer noch in einem Gesundheitszustand, der zu wünschen übrig ließ, wurden sie mit einem empörenden-Ansinnen des Königs konfrontiert. Samuel erinnerte sich später:

„Ich ersuchte jetzt Kamrasi, er möge uns erlauben, Abschied zu nehmen, da wir auch nicht eine Stunde zu verlieren hätten. Er antwortete auf die kaltblütigste Weise: ‚Ich werde Sie nach dem See und nach Shooa senden, wie ich versprochen habe, aber Sie müssen Ihr Weib bei mir lassen!'

In diesem Augenblick wurden wir von einer großen Anzahl Eingeborener umringt, und mein Verdacht, dass, als wir über den Kafur geführt wurden, Verrat im Spiele war, schien sich durch diese unverschämte Forderung zu bestätigen. Wenn dies das Ende der Expedition sein sollte, so war ich entschlossen, dass es auch das Ende Kamrasis sein müsse; ich zog ruhig meinen Revolver, hielt ihm denselben bis auf zwei Fuß Abstand auf die Brust, sah ihn mit unverhohlener Verachtung an und sagte, wenn ich den Drücker berührte, könne seine ganze Mannschaft ihn nicht retten, und wenn er noch einmal wage, diese Beleidigung auszusprechen, würde ich ihn auf der Stelle erschießen."

Florence Baker, die Frau im Mittelpunkt dieses Duells der Willenskräfte, beobachtete alles aus nächster Nähe. Samuel Baker war bereit zu töten, um sie zu schützen, aber Florence wusste sich ebenfalls zu behaupten. Aus Gründen der Bequemlichkeit häufig in Hosen, Gamaschen und derbe Schuhe gekleidet, hatte sie an Sams Seite gekämpft, wenn Angreifer sie bedrohten, und geschickt die Waffen nachgeladen. Sie hatte mit ihm an Großwildjagden teilgenommen und zähes Nilpferdfleisch mit Champagner heruntergespült.

Daher reagierte sie in dieser brenzligen Situation, als der König sie für sich forderte, nur Sekunden nach Samuel mit ähnlicher Aggressivität:

„Meine Frau, die natürlich entrüstet war, hatte sich von ihrem Sitze erhoben und hielt ihm [Kamrasi], wütend von der augenblicklichen Aufregung, eine kleine Rede in arabischer Sprache (von welcher er kein Wort verstand), wobei sie ein Gesicht machte, das fast eben so liebenswürdig war wie das Haupt der Medusa. ...Ob dieser kleine Theaterstreich Kamrasi solchen Respekt vor der Selbstständigkeit britischer Frauen eingeflößt hatte, dass er wünschte, von seinem Handel zurückzutreten, weiß ich nicht, aber er sagte mit einer völlig bestürzten Miene: ‚...ich habe die Gewohnheit, den Männern, die mich besuchen, hübsche Weiber zu geben, und ich dachte, Sie würden vielleicht tauschen ...Ich werde es nie wieder erwähnen.‘“

Ungeduldiger denn je, endlich voranzukommen und „Kamrasi“ möglichst weit hinter sich zu lassen, hasteten sie weiter. Sie wussten nicht, dass der echte König sich inkognito in der lärmenden Menge verbarg, die ihnen folgte, und jeden ihrer Schritte sehr genau beobachtete.

Als sie wenig später auf einer Art schwimmender Brücke aus dicht verflochtenen Pflanzen, die kaum ihr Gewicht trug, den Fluss Kafur durchquerten, blieb Florence wie vom Schlag getroffen stehen. Was die Sache noch schlimmer machte, war, dass Samuel, der seine treue Gefährtin zu Stein erstarren sah, nicht schnell genug zu ihr gelangen konnte und voller Schrecken mit ansehen musste, wie sie vornüber fiel, wie ein Stein den dicken grünen Teppich durchschlug und versank. Samuel war außer sich vor Verzweiflung, als er sie endlich erreicht hatte. War sie ertrunken? Es schien so; er vermeinte sogar ihr Todesröcheln gehört zu haben.

Tatsächlich war Florence, die ein Sonnenstich niedergestreckt hatte, zehn Tage lang bewusstlos, dann begann sie zu delirieren. Zeitweise wirkte sie so sehr wie eine Tote, dass ihr verzweifelter Ehemann schon in aller Eile ein Grab ausheben ließ.

Als sie endlich auf dem Weg der Genesung war, fiel dieses freudige Ereignis zeitlich beinahe mit einem anderen Grund zum Jubeln zusammen: In nur einem Tagesmarsch von Florences „Sterbebett“ erreichten sie das westliche Ufer des Luta N'Zige.

„Den Triumph jenes Augenblicks zu beschreiben“, notierte Samuel später, „ist unmöglich; hier lag der Lohn für alle unsere Arbeit – für die jahrelange Zähigkeit mit welcher wir uns durch Afrika hindurchgeplagt hatten ...Ich ...blickte hinab ...auf jenen ungeheuren Behälter, der Ägypten ernährte und Fruchtbarkeit brachte, wo alles Wildnis war. Zum unvergänglichen Andenken an einen von unserer gnädigsten Königin geliebten und betrauerten ...nannte ich diesen großen See den ‚Albert N'yanza'. Die Seen Victoria und Albert sind die beiden Quellen des Nils."

Obwohl Florence immer noch geschwächt war, stützte sie sich voller Stolz auf den Arm ihres Ehemanns und kletterte mit ihm den 460 Meter hohen, steilen Felshang hinunter bis ans Seeufer. Überwältigt von der Großartigkeit des Augenblicks, stürzte sich Samuel in die Wellen, die zu ihren Füßen schwappten, während Florence ein Haarband in einem Gebüsch am Ufer befestigte.

Voller Entzücken über die prachtvolle Schönheit ihrer neuen Umgebung schmiedeten sie schon bald Pläne, den Albertsee in einem großen, aus einem ausgehöhlten Stamm gefertigten und mit einer Kabine versehenen Kanu zu erforschen. Bei dieser Exkursion staunten sie über saftige Wiesen, die Wasserfällen wichen, welche über nackte Granitwände hinabstürzten, bewunderten das Schauspiel sich gegenseitig nass spritzender Elefanten und die gemächlich an ihnen vorübertreibenden Flusspferde.

Doch am Albertsee gab es auch extreme Wetterumschwünge, und sie gewöhnten sich schnell daran, täglich um die Mittagszeit mit einem heftigen Sturm zu rechnen. Dieser war im Allgemeinen stark genug, Wellen zu erzeugen, die in ihren Kahn schwappten und ihn zum Sinken zu bringen drohten. Eines Nachmittags erreichten sie tatsächlich gerade noch das sichere Ufer, bevor das Boot kenterte.

Nach einem überaus anstrengenden Rückmarsch verließen die Bakers Afrika und reisten in Ruhe nach London zurück. Der Skandal ihrer gegen alle Normen verstoßenden Verbindung war ihnen vorausgeeilt, und obwohl sie 1865 heirateten, weigerte Königin Viktoria sich, Florence bei Hofe zu empfangen. Die Tatsache, dass Samuel den Ritterschlag empfing, erhob seine Frau jedoch in den Stand einer Lady Florence, und als er schließlich seinen Bericht über ihre gemeinsam durchlebten Abenteuer niederschrieb, sparte er nicht mit Lob für sie:

„War ich wirklich von den Nilquellen gekommen? Es war kein Traum. Vor mir saß ein Zeuge; ein noch jugendliches Gesicht, aber bronziert wie ein Araber von einer brennenden Sonne, der es Jahre lang ausgesetzt war, hager und abgezehrt von Strapaze und Krankheit, und von Sorgen umschattet, die nun glücklich vorüber waren; die fromme Gefährtin auf meiner Pilgerfahrt, der ich Erfolg und Leben verdankte – meine Gattin."

Von 1870 bis 1873 hielten sich die Bakers noch einmal für drei Jahre in Afrika auf, diesmal jedoch an der Spitze eines großen, gut bewaffneten Expeditionstrupps, der zusammengestellt worden war, um alte Rechnungen zu begleichen: Sir Samuel Baker wollte nicht nur helfen, Bunyoro der Herrschaft von Kamrasis Nachfolger zu entreißen, er war auch zu einem Kreuzzug gegen den im Sudan florierenden Handel mit weißen Sklaven aufgebrochen.

Bedauerlicherweise endete keine dieser Missionen erfolgreich. In einem Brief an eine ihrer Stieftöchter würde Florence später ihren qualvollen Rückzug beschreiben: „Mein liebes Kind, es ist fast unmöglich, dir unseren aufreibenden Marsch zu schildern – ich kann dir nur berichten, dass die ganze Bevölkerung im Hinterhalt lag und wir uns sieben lange Tage durch dieses furchtbare Land kämpfen mussten, wo es nahezu unmöglich war, den Feind auszumachen …Nur die Schatten von Speeren huschten über unsere Gesichter."

Sie würde nie mehr nach Afrika zurückkehren. Genau genommen weigerte sie sich sogar kategorisch, sie hatte genug, und ihr Ehemann respektierte ihren Wunsch. Gemeinsam bereisten sie jedoch andere exotische Gegenden, darunter Japan und Indien, und führten ein friedliches Leben auf ihrem gepflegten englischen Landsitz. Florence überlebte Samuel um 23 Jahre. Ihr wahrer Anteil an dem so außergewöhnlichen gemeinsamen Lebenswerk der Bakers wurde erst viele Jahre nach ihrem Tod einer größeren Öffentlichkeit bekannt. ■

„Der Fluss spricht leise wispernd und ermutigt die Menschen zur Reinheit in ihren Handlungen."

ARLENE BURNS

*1960

„ICH WOLLTE IRGENDWOHIN GEHEN, wo ich nichts und niemanden kannte, um zu erfahren, wer ich war. Ich wollte mich ins kalte Wasser stürzen und herausfinden, ob ich untergehen oder schwimmen würde. So kaufte ich eine einfache Fahrkarte nach Neuseeland und brach mit 600 Dollar in der Tasche auf.

Und was ich herausfand, war, wie wenig ich wusste und wie neugierig ich war, mehr zu lernen."

Die Outdoor-Aktivistin Arlene Burns, die sich selbst als „freischaffende Abenteurerin" bezeichnet, hat ihrer Laufbahn etwas Schillerndes verleihen können, indem sie ihre Geschicklichkeit gegen die Elemente ausspielte und im Aufbruch lernte, sich in extremen Situationen zurechtzufinden.

Nach eigenen Angaben reiste sie per Elefant, Pferd, Kamel, Mountainbike, Traktor, Zug, Lastwagen, Rikscha, Panzer,

Kajak, Fischerboot, Jacht, Drachen, Segelflugzeug, Airbus, Nahverkehrsbus, Ballon, Buggy und zu Fuß. Doch ob sie auf abgelegene russische Vulkane steigt, auf „verbotenen" tibetischen Flüssen paddelt, auf einem „halb wilden Pferd" über die mongolische Steppe galoppiert oder in Costa Rica die Bekanntschaft einer Tarantel macht – sie ist sich darüber im Klaren, wie sehr ihre „außergewöhnlichen Abenteuer [sie dazu veranlassten], achtsam zu werden und die richtigen Fragen zu stellen".

„Reisen schult den Geist wie Übung den Körper", sagt sie gern. „Man muss offen sein für das Fremde und darf sich nicht von ihm einschüchtern lassen."

Und jedes Mal, wenn Arlene bei ihrer anstrengenden, umtriebigen Lebensweise, mit der sie sich ihren Unterhalt verdient, wieder einmal mit knapper Not dem Tod entronnen ist, fügt sie ihrer ganz persönlichen Legende ein Kapitel hinzu. Alles in allem können nur wenige Menschen so wie sie fröhlich behaupten: „Oft bin ich dem Tod gerade noch mal von der Schippe gesprungen. Einmal zum Beispiel bekam ich eine Hirnhautentzündung, nachdem meine Freunde und ich mehrere Tage damit zugebracht hatten, unsere Kajaks den Marsyandi River in Nepal flussaufwärts zu schleppen.

Ich wusste, dass ich ernstlich krank war, mein Nacken war steif, und mein Kopf fühlte sich an, als würde mir der Schädel bersten. Ich hatte 40,5 Grad Fieber und spürte, wie mein Gehirn brutzelte. Ich lag am Flussufer und halluzinierte, vollkommen ausgebrannt. Intuitiv wusste ich, dass ich Meningitis hatte, und fragte mich, ob ich bald sterben würde."

Doch als sie die reine Energie, die die Natur rings umher verströmte, spürte – „die Vögel tschilpten und der Fluss tanzte vorüber" –, ging ihr auf, dass „es viel besser war, an diesem Sandstrand zu sterben als in einem Dritte-Welt-Krankenhaus".

Bald jedoch waren Arlene und ihre Gefährten gezwungen, ihre Sachen zu packen und von neuem in ihre Kajaks zu klettern, denn sie hatten nicht genug Proviant, um noch länger bleiben zu können. „Ich hatte nicht einmal überschüssige Energie genug, um einen zusätzlichen Paddelschlag auszuführen, doch dann ereignete sich etwas, das alles veränderte. Ich begann wahrhaftig, mich mit der Energie des Flusses zu verbinden, und verbrauchte wenig eigene Kraft. In mir tobten noch immer Fieber und Halluzinationen, doch ich paddelte vollkommen gleichmäßig …Als ich spürte, wie mein Körper das Fieber bezwang, fühlte ich mich wie neu geboren."

Geschichten wie diese, mögen sie ihren Ruf als unerschrockene Heldin Ehrfurcht gebietender Abenteuer jeglicher Art auch untermauern, sind mehr als kurzlebige Anekdoten. (Aufgrund ihrer Berühmtheit wurde sie dazu ausersehen, den Filmstar Meryl Streep auf eine Rolle à la Burns in dem Film *Am wilden Fluss* vorzubereiten.) Für sie, so Arlene, habe jedes dieser Scharmützel mit der eigenen Sterblichkeit ihre Perspektive erweitert und das Verständnis für den ihr zugewiesenen „bescheidenen Platz im großen Gemälde des Lebens" vertieft.

Sechs Monate nachdem sie die University of South Carolina 1980 mit einem akademischen Abschluss in Geologie, von dem sie nie Gebrauch machen sollte, verlassen hatte, war sie mit einem One-Way-Ticket nach Neuseeland unterwegs. Aufgrund ihrer Erfahrung in den Staaten war sie unbesehen als Wildwasser-Führer engagiert worden. Erst bei ihrer Ankunft in Neuseeland wurde Arlene jedoch klar, dass ihre neuen Arbeitgeber jemand völlig anderen erwartet hatten.

Nachdem das Team in Neuseeland es geschafft hatte – nicht ohne eine Reihe von Schwierigkeiten überwinden zu müssen –, eine Arbeitserlaubnis für einen ihrer Vorstellung nach nützlichen, muskulösen Burschen namens Burns zu erhalten, sah es sich nun überraschenderweise mit einer blonden, blauäugigen, sommersprossigen „Sheila" („Frau" im Slang der Einheimischen) in ihrer Mitte konfrontiert – einer Frau, die überdies gerade mal 1,69 Meter maß.

„Arlin ist in Neuseeland und Australien ein sehr geläufiger Männername“, erläutert sie, als sie sich die anfängliche Verwirrung ins Gedächtnis ruft. „Daher gingen sie einfach davon aus, dass ich ein Mann wäre.“

Doch nachdem sie begonnen hatte, für ihren Lebensunterhalt zu arbeiten – man gab ihr nicht einmal sofort ein Paddel, sie musste sich eines verdienen –, tummelte sich Arlene zwei Jahre lang auf den Flüssen Neuseelands. Heute sagt sie, dass sie nie aufgehört habe, sich über das draufgängerische, waghalsige Verhalten zu wundern, das ihre männlichen Mitstreiter üblicherweise an den Tag legten. Schaudernd angesichts deren lässiger Haltung gegenüber den elementarsten Sicherheitsprinzipien, die auf dem Wasser einzuhalten sind, beschreibt sie ihre Anfänge als Rafterin auf neuseeländischen Gewässern wie dem Wairoa River und dem Rangitata River als Pionierzeit auf dem Wildwasser.

In der zweiten Saison war sie Leiterin der South Island Operations und unter anderem für die Ausbildung der männlichen Flussführer zuständig. Und während ihre von Zweifeln geplagten Bosse, die sie irrtümlicherweise aus Amerika herübergeholt hatten, zu diesem Zeitpunkt vielleicht endlich begannen, ihren Wert anzuerkennen, hörte Arlene „eine laute Stimme, die aus dem Herzen kam und mir zuraunte, ich solle anfangen, mir die Welt anzusehen“. 1984 war sie bereit, sich nach Neukaledonien, Australien, Indonesien und schließlich Nepal aufzumachen.

Nichtsdestotrotz hatte Arlene als erste Frau, die als Wildwasser-Führerin in Neuseeland tätig gewesen war, eine Tür aufgestoßen, die nun anderen offen stand. „Generell müssen Frauen, die versuchen, in traditionell männliche Domänen vorzudringen, schließlich doppelt so gut sein, um als halb so gut zu gelten. Aber langfristig gesehen, ist das in Ordnung ... Vielleicht ist man freier, wenn die Leute absolut nichts von einem erwarten.“

Wenn sie sich an ihre Kindheit erinnert, daran, wie sie in den 1960er-Jahren in Columbia, South Carolina, aufwuchs, bezeichnet Arlene Burns sich selbst ohne zu zögern als „Außenseiterin". Oft uneins mit ihrer Mutter – ihre Eltern waren geschieden –, die lieber eine im landläufigen Sinne weiblichere Tochter gehabt hätte, begann sie schon in jungen Jahren instinktiv zu rebellieren. „Ich wollte mit den Jungs kicken, nicht Himmel und Hölle mit den Mädchen spielen", meint sie. „Und ich ritt mit Begeisterung unser Pferd, das jeden anderen abwarf."

Die Welt jenseits ihres Hinterhofs war eine ständige Verlockung. „Ich wollte immer wissen, wohin die Züge fuhren!", heißt das in ihren Worten. Folglich blieb ihr Thor Heyerdahls Reisebericht Kon-Tiki über seine Ozeanfahrt als besonders spannendes Buch lange im Gedächtnis haften, und sie kann sich noch sehr gut an die Aufregung erinnern, die sie packte, als sie zum ersten Mal die Landkarte Asiens studierte.

„Da zog sich ein blauer Strich durch die gelbe tibetische Hochebene, der Tsangpo, und [das muss sie einfach voller Stolz hinzuzufügen] 15 Jahre später war ich auf diesem Fluss!"

Im Alter von 14 traf Arlene eines Tages nach dem Abendessen trotzig die Entscheidung, sich ihren Schlafsack zu greifen und sich in den Wäldern unweit ihrer Schule ein Schlafzimmer für sich allein zu suchen. Sie war entschlossen, häuslichen Konflikten den Rücken zu kehren und sich frühzeitig auf eigene Beine zu stellen. Sie baute sich einen Notunterschlupf aus zusammengesuchtem Gerümpel. Indem sie Rasen mähte, um das Geld für ihren Lebensunterhalt zu verdienen, hielt sie einen unsicheren Waffenstillstand mit ihrer Mutter aufrecht und schaffte es irgendwie, der Unterbringung in einem Kinderheim zu entgehen.

Und doch gab es immer ein Element, einen besonders erfüllenden Aspekt ihres Lebens, aus dem sie Stärke zog und der sie niemals enttäuschte – und das war die auf ewig geheimnisvolle und verlockende Wildnis. „Sie war meine Kirche", konstatiert sie schlicht und ruft damit ins Gedächtnis, wie sehr sie ihre immer enger werdende Beziehung zur Natur allen anderen Beziehungen vorzog.

Tatsächlich wäre die Top-Outdoor-Aktivistin Arlene Burns bei ihrem ersten Kajaktrip in den finsteren Gewässern des nahe gelegenen Edisto River fast ertrunken – gewiss eine passende Taufe für jemanden, dessen Zukunft so viele Überlebensgeschichten bereithalten würde: „Wir versuchten, uns über einen umgestürzten Baumstamm zu bugsieren, weil wir es nicht besser wussten, und ich blieb in den Zweigen hängen. Nur meine Nase ragte aus dem Wasser. Niemand konnte mich erreichen. Zum guten Schluss ließ ein Footballspieler von der High School, der mit uns unterwegs war, sein Kajak Kajak sein und sprang ins Wasser, um mich zu retten. Ich hatte die Nase gestrichen voll von all dem Wasser, das ich geschluckt hatte."

Erst drei Jahre später, mit 17, hatte Arlene die Chance, es ein zweites Mal mit dem Kajak zu versuchen. In der Zwischenzeit „verpasste ich meine Debütantinnenparty wegen eines Kletterausflugs im Gebirge", behauptet sie.

Während ihrer College-Zeit entschied sich Arlene, wann immer sie konnte, für ruhige Ferien, in denen sie mit dem Rucksack allein die Great Smoky Mountains an der Grenze zwischen North Carolina und Tennessee durchwanderte. Bereits mit 18 begann sie Gruppen durch die Wildnis zu führen und arbeitete als Guide in den Boundary Waters von Nordminnesota. „Es war das erste Mal, dass ich mich außerhalb der Südstaaten aufhielt, und das erste Mal, dass ich eine ungeheure berufliche Verantwortung trug."

Unter diesen Anfängern, die sie in die schweißtreibenden Freuden des Transports von Kanus über Land einzuführen half, war eine Gruppe von alles andere als begeisterten Mitgliedern des Footballteams der Minnesota Vikings: „Für den Landtransport hievt ihr ein Kanu auf eure Schultern, verteilt das Gepäck auf Rücken und Bauch und watet durch den

Matsch, wobei ihr Moskitos totschlagt und Blutegel von euren Beinen zupft."

Wenngleich den Sportlern brutale Trainingseinheiten vertraut waren, schienen sie nach einer Form physischer Strapazen zu verlangen, mit der sie sich auskannten. Konfrontiert mit womöglich etwas mehr freier Natur als erwartet, „nannten sie ihr Training Schmerztherapie", meint Arlene.

In den ersten Jahren ihrer Tätigkeit als Führerin sei es ihr unerschütterliches Vertrauen gewesen, das sie vorwärts trieb und sie in einer so maskulinen Welt so schnell dicht an die Spitze katapultierte, glaubt Arlene. „Ich hatte niemals Angst zu scheitern", meint sie freimütig.

Indes muss die Bescheidenheit – oder vielleicht Menschlichkeit –, die sie immer so gern zum Ausdruck bringt, eine große Rolle gespielt haben: „Ich wollte mich mit dem verbinden, was den kleinsten gemeinsamen Nenner im Leben der Menschen darstellt. Ich stellte Fragen. Ich wollte etwas versuchen. Wenn man etwas ausprobiert und keine Angst vor dem Versagen hat, dann wird man das Problem für gewöhnlich lösen und sich selbst als Tanzende erleben können."

Für Arlene, die sich viele Jahre lang für eine „Buddhistin so gut wie für irgendetwas anderes" hielt, verweist die Idee des „Tanzens" auf das harmonische Zusammenspiel zwischen den Elementen, die die Basis jeder Handlung bilden. Im Falle des Rafting oder Kajakfahrens lässt sich ein elementares Dreigestirn aus Paddler, Kraft und Wasser erkennen.

„Es ist eher eine zarte, zerbrechliche Beziehung als eine, die mit Strenge oder Wettkampf zu tun hat." Was bedeuten soll, dass bei diesem Bemühen die Partnerschaft, nicht der Wettkampf das Ideal darstellt.

Das immer wiederkehrende Thema ihrer eigenen scheinbaren Unzerstörbarkeit lässt Arlene Burns zuweilen fast wie eine Figur aus einer Volkssage erscheinen, wie Pecos Pete oder Paul Bunyan vielleicht. Ihres Zeichens wilde Kerle, blieben diese sagenhaften Helden beim Überwinden von Hindernissen und Erkämpfen ihrer unerhörten Triumphe allerdings auf heimatlichem Boden.

Allein ihre Patientenakte umfasst eine ungewöhnlich lange Liste von Schmerzen und Krankheiten, die Arlene in allen Zeitzonen durchlitt und überwand.

Als sie beispielsweise in den Gewässern von Bali schnorchelte, vermochten selbst die quälenden Folgen eines versehentlichen Kopfsprungs in ein Nest stechender Seeläuse nicht, sie zu bremsen. Ein andermal, in Sibirien, wo sie trotz schmerzhafter Verbrennungen zweiten Grades an einem Fuß Kajak zu fahren versuchte, ließ Arlene es zu, mit einem volkstümlichen Heilmittel behandelt zu werden, das so erstaunlich wie wirksam war: „Ein Mann, den ich trotz der Sprachbarriere als eine Art Doktor erkannte, applizierte eine schwarze, teerige Substanz namens *Momyo*, was den Russen als Wunderdroge gilt. Im Wesentlichen besteht Momyo aus Mäusekot. Sie sammeln ihn in den Ritzen von Felswänden im Hochgebirge ...Er verteilte den Momyo auf meine stark entzündeten Brandwunden. Das war der größte Vertrauensbeweis, den man sich denken kann. Man male sich einmal aus, wie es ist, wenn man einen Fremden Mäusekot auf eine eiternde Wunde streichen lässt!“

Sie fand sogar ihr eigenes „Rezept“ gegen die Kopfverletzungen, die nach einem 300-Meter-Sturz von einem Gletscher in Alaska ihren Gleichgewichtssinn beeinträchtigten. „Monate nach dem Sturz hatte mich wegen der Schwindelgefühle so der Frust gepackt, dass ich wild entschlossen war, es ihm zu zeigen. Ich begann in den felsigen Flussbetten des Saluda River in Columbia zu laufen, wenn die Talsperre geschlossen war, um auf den lockeren Felsbrocken das Gleichgewicht wiederzuerlangen. Ich blieb hartnäckig bei der Sache, obwohl ich meine Knie dabei vollkommen aufschürfte.“

Seit ihrem ersten flüchtigen Blick auf den weitgehend unerforschten Tsangpo in Tibet, den sie in einem Atlas entdeckt

COURTESY, MARIN COUNTY HISTORICAL SOCIETY

Bei einer ihrer Wildwasserfahrten wagt sich Arlene Burns die Husum Falls hinab, eine drei Meter hohe, vertikal in die Tiefe stürzende Stromschnelle des White Salmon River im US-Bundesstaat Washington.

hatte, war Arlene wie elektrisiert davon, dass es ihn in unvorstellbar weiter Ferne tatsächlich gab. Ihr war ebenfalls bekannt, dass die chinesischen Behörden – im Bewusstsein der zunehmenden Seltenheit solch unberührter Flüsse – die halsabschneiderische Summe von 500 000 Dollar verlangten, um eine Genehmigung für die erste Wildwasserfahrt flussabwärts auszustellen.

Nichtsdestotrotz war sie 1989, als sie in Nepal lebte, nach wie vor davon überzeugt, dass sie die Behörden irgendwie umgehen und einen Weg finden könnte, diesem Fluss ihrer Träume, der ihr seit Kindertagen im Kopf herumspukte, näher zu kommen. Doch bevor sich ihr Traum erfüllte, ließ ein unzuverlässiger Konvoi chinesischer Geologen sie zusammen mit ihrem Begleiter und ihren 90 Kilogramm Gepäck (bestehend aus „Booten, Schlafsäcken, einem Zelt, warmer Kleidung, einer Erste-Hilfe-Ausrüstung, einem Ofen und Nahrung, Nahrung, Nahrung") vorübergehend auf einem Flecken Bergtundra im Stich. Freundliche buddhistische Mönche gewährten ihr Schutz, nachdem sie während eines gefährlichen Schneesturms einen heiligen See überquert hatte. Chinesische Soldaten drohten sie als Geisel festzuhalten.

Erfrorene Hände, verbrannte Haut und eine Dauerdiät mit Tsampa, einem tibetischen Grundnahrungsmittel aus geröstetem Gerstenmehl, gehörten noch zu den geringsten Qualen. Erst als sie alle Hoffnung verloren hatte – nach 38 Tagen Marsch durch das unwegsame Innere Tibets –, fand Arlene sich schließlich innerlich ausgeglichen am Ufer des Tsangpo (Oberlauf des Brahmaputra) wieder. Sie war bereit, in ihr Kajak zu steigen und mit dem Wasser zu „tanzen".

„In einem Zustand von Müdigkeit und Glückseligkeit ließen wir uns treiben und paddelten und bewegten uns ruhig und gleichmäßig vorwärts", schreibt sie. „Unsere Boote verwandelten sich aus einer sperrigen Last in ‚Präzisions-Wasser-Porsches'." Neugierige Dorfbewohner rannten am Ufer des Tsangpo entlang, fasziniert vom Anblick der beiden unbekannten Paddler in seltsamen Booten. Wenn sie aus ihrem kompakten Plastikboot heraussah, empfand Arlene eine geradezu transzendental anmutende Gelassenheit. Die Landschaft um sie herum schien sich auf subtile Art zu verwandeln: Was zuvor feindlich gewirkt hatte, erschien auf einmal freundlich.

„Allmählich begriff ich, was es mit dem harmonischen Verhältnis der Tibeter zu ihrer Umwelt und der Friedfertigkeit ihrer zeitlosen Welt auf sich hatte. Ihre Stärke und Milde durchströmten mich, verliehen mir Kraft und geleiteten mich in eine andere Dimension. Das war das Geschenk des Tsangpo, der Not und der Isolation."

Nachdem Arlene Burns 165 Kilometer, die Balsam für ihre Seele waren, den Fluss hinuntergefahren war, kehrte sie ans Ufer zurück und machte sich allein auf den Weg zurück nach Katmandu und weiter nach Bangkok, wo sie ihr ramponiertes Kajak gegen ein Mountainbike eintauschte. Dann fuhr sie mit dem Fahrrad von Bangkok die malaiische Halbinsel hinunter nach Singapur. (Seither, behauptet sie, habe sie auf demselben Fahrrad annähernd 6500 Kilometer überall in der Welt zurückgelegt.)

Ihre intensive Lebensweise lässt Arlene Burns begreifen, dass „Reisen zu einer Sucht werden kann". Sie weiß auch, dass es ein Privileg ist, diese Forschungen in Gebieten durchführen zu können, „in denen die Natur noch unversehrt ist".

„Für mich ist ein Fluss die perfekte Metapher für das Leben. Er ist immer im Wandel begriffen; wenn er zum Stillstand kommt, stirbt er ...Und ein Fluss strömt nicht geradlinig dahin – er wogt und windet sich und wirbelt manchmal im Kreis herum." Wichtiger noch: Ein Fluss „lehrt einen Gleichgewicht und Menschlichkeit. Vielleicht ist es das, was Menschen in aller Welt, die an Flüssen wohnen, im Allgemeinen so hilfsbereit und mitfühlend macht.

Und eines sollte man bedenken", sagt sie lachend, „Wasser kann 300 Meter tief stürzen und wird sich niemals verletzen."

Bei Fremden zu Gast

IDA PFEIFFER

1797 – 1858

YVA MOMATIUK

*1940

„Ich hatte stets so viel zu sehen, und jeder Gegenstand, wenn auch noch so klein und unbedeutend, interessierte mich so sehr, dass ich alle Mühseligkeiten vergaß. In solchen Fällen bewunderte ich oft selbst meine eisenharte Natur, die mir erlaubte, ähnliche Strapazen auszuhalten."

VORHERGEHEND DOPPELSEITE: *Als die Siedlung Umingmaktok in der kanadischen Arktis 1976 nur knapp einer Hungersnot entging, briet Yva Momatiuk für die hungrigen Inuit-Kinder Pilze mit Seehundfett.Die Kunst des Pilzesammelns und Aufspürens anderer essbarer Wildpflanzen hatte sie in den polnischen Wäldern ihrer Kindheit erlernt.*

YVA MOMATIUK / JOHN EASTCOTT

IDA PFEIFFER

1797 – 1858

Liest man etwas über Ida Pfeiffers abenteuerliche Unternehmungen,so wundert man sich zwangsläufig über die schiere Kraft ihrer Entschlossenheit. Sich wie sie von einer gewöhnlichen österreichischen Hausfrau in eine vollkommen unabhängige Globetrotterin zu verwandeln, bedeutete in der ersten Hälfte des 19. Jahrhunderts immerhin, in einer Welt unterwegs zu sein, in welcher der erstaunlichste Anblick, der sich am Horizont bot, oft Ida selbst war.

Ida Pfeiffer, die jeden Moment ihrer oft haarsträubenden Abenteuer genoss und ihr Überleben allein ihrer Klugheit verdankte, hat nicht nur unter Kannibalen gelebt,sondern sie entging auch, als sie von ihnen umzingelt wurde, mit knapper Not der Gefahr, zur Hauptmahlzeit serviert zu werden.

Sie hatte eine ungewöhnliche Kindheit. In Wien geboren und mit einer Horde von Brüdern aufgewachsen, wurde Ida

Reyer von ihrem Vater behandelt, als wäre sie einfach ein weiterer Sohn. Da sie in Jungenkleidern herumlief und immer ermutigt wurde, sich bei außerhäusigen Aktivitäten hervorzutun, kam ihr kaum je zum Bewusstsein, dass sie ein Mädchen war, bis ihr Vater starb. Ab diesem Zeitpunkt versuchte ihre Mutter, zunächst mit wenig Erfolg, ihre einzige Tochter in Röcke und Schürzen zu kleiden.

Es dauerte jedoch nicht lange, bis Ida einen neuen, noch wirkungsvolleren Weg der Rebellion entdeckte. Sie war 17, als der Kleinkrieg mit ihrer Mutter begann, nachdem Ida ihr eröffnet hatte, sie habe sich in ihren Hauslehrer verliebt. Erst fünf Jahre später, als Ida sich schließlich damit einverstanden erklärte, auf ihn zu verzichten, fand die häusliche Pattsituation ein Ende.

Sosehr sie ihren verschmähten Geliebten auch vermissen mochte – noch leidenschaftlicher sehnte sie sich danach, die Bevormundung ihrer Mutter abzuschütteln. Deshalb willigte sie in eine Verlobung mit Dr. Pfeiffer ein, einem älteren Witwer, dessen Hauptanziehungskraft in der Tatsache lag, dass er seinen Hausstand mehr als 165 Kilometer entfernt gegründet hatte.

Während sie sich an ihr neues Leben in Lemberg, einer Stadt in den nördlichen Ausläufern der Karpaten, gewöhnte, brachte Ida kurz hintereinander zwei Söhne zur Welt. Unglücklicherweise war die Laufbahn ihres Ehemannes als Advokat jedoch mehrfach gefährdet, daher sah sich Ida gezwungen, mutig die Herausforderung anzunehmen und den Unterhalt der Familie zu sichern.

Ihr häusliches Dasein in dieser harten Zeit war in keiner Hinsicht leicht. Später sollte sie sich lebhaft an ihre Kämpfe erinnern: „Ich verrichtete alle Hausarbeiten, ich fror und hungerte, ich arbeitete im Geheimen für Geld, ich erteilte Unterricht in Zeichnen und Musik, und doch, trotz aller Anstrengung, gab es oft Tage, an welchen ich meinen armen Kindern kaum mehr als trockenes Brot zum Mittagessen vorzusetzen hatte." Sicher hätte sie, fuhr sie fort, ihre Mutter oder ihre Brüder um Unterstützung bitten können, doch dies habe ihr Stolz nicht zugelassen.

So vergingen die Jahre. Idas Lebensumstände besserten sich erst, als ihre Mutter starb und ihr Anteil am Erbe es ihr ermöglichte, den ältlichen Dr. Pfeiffer zu verlassen und nach Wien zurückzukehren. Als die Bürde, für die Ausbildung ihrer Söhne sorgen zu müssen, 1842 endlich leichter wurde, ergriff sie die Gelegenheit und plante ein neues Leben für sich.

Für eine 45-jährige Frau aus dem Bürgertum, die im zutiefst bourgeoisen Milieu der österreichischen Hauptstadt zu Hause war, waren Idas Zukunftsträume nicht nur bewundernswert unkonventionell, sondern bis dahin auch ohne Beispiel.

Offenbar hatte sie sich schon immer leidenschaftlich gewünscht zu reisen. „Schon als zartes Kind hatte ich die größte Sehnsucht, hinaus in die Welt zu kommen“, erklärte sie. Mehr noch: Sie wollte diese Reisen allein unternehmen.

Alle ihre Bekannten waren begreiflicherweise schon bei der bloßen Vorstellung entsetzt. „Männer“, erklärten sie ihr, „hätten Ursache zu bedenken, ob ihr Körper die Mühen aushalten könne und ob ihr Geist den Mut habe, dem Klima, der Pest, den Plagen der Insekten, der schlechten Nahrung usw. kühn die Stirn zu bieten. Und dann erst eine Frau! So ganz allein, ohne alle Stütze hinauszuwandern in die weite Welt, über Berg und Tal und Meer, ach, das wäre unmöglich.“

Aber Ida blieb unerschütterlich in ihrem Entschluss: „Ich konnte nichts als meinen festen, unabänderlichen Willen entgegensetzen.“ Obwohl sie ihre Angelegenheiten vorher sorgfältig regelte und ein Testament aufsetzte, war sie nach wie vor davon überzeugt, die göttliche Vorsehung auf ihrer Seite zu haben. So scheint es nur folgerichtig, dass sie als Ziel ihrer „Jungfernfahrt“ das Heilige Land wählte.

Als sie darauf wartete, an Bord des Donaudampfschiffs zu gehen, mit dem sie die erste Etappe ihrer Reise zurücklegen wollte, war Ida dankbar, dass einige Freunde und Verwandte gekommen waren, um sich von ihr zu verabschieden. Dennoch empfand sie die Trennung als „recht hart“, und die ganze Situation erinnerte unterschwellig an ein Begräbnis. Es war mehr als offensichtlich, dass die meisten ihrer Freunde es nicht gerade für wahrscheinlich hielten, sie lebend wiederzusehen.

Tatsächlich machte Ida schon eine Woche später, als sie im Freihafen von Galatz, dem „Sammelplatz von Kaufleuten und Reisenden aus zwei Weltteilen, Europa und Asien“, vor Anker lagen, ihre erste engere Bekanntschaft mit den sehr realen Gefahren, die sie erwarteten. Aufgrund der sorgfältigen Vorkehrungen, die man in dieser überfüllten Grenzstadt gegen die Pest traf, konnte die Heimfahrt eines Reisenden mit Gewalt umgelenkt werden, wenn Beamte irgendwo auf seiner Route auch nur die kleinste Gefährdung vermuteten.

Obwohl sie beteuerte, das Spektakel der strikten Trennung von an- und abreisenden Passagieren auf den Docks als „Ko-

Hartnäckig lehnte Ida Pfeiffer es ab, sich von wohlmeinenden Freunden, die sie mit ihrer Reiselust schockierte, verunsichern zu lassen, und ritt 1842 im Alter von immerhin 45 Jahren nicht nur auf einem Kamel durch den ägyptischen Wüstensand, sondern erklomm auch die Pyramiden und wusch sich in Palästina im Jordan.

mödie“ empfunden zu haben – ein Ritual, das sie vom sicheren Schiffsdeck aus beobachtete –, begriff Ida, dass sie gezwungen sein würde, sich demgleichen Zeremoniell zu unterwerfen, sollte ihr Weg sie je wieder nach Galatz führen.

Als sie das Schwarze Meer erreichten, litt Ida unter starker Seekrankheit, trotzdem bekämpfte sie ihr hartnäckiges Unwohlsein, um ihre Kabine verlassen und aus erster Hand „dies herrliche Schauspiel der Natur“ erleben zu können – einen Meeressturm. Wieder siegte ihre Willenskraft im Verein mit ihrer Zähigkeit: „Ich klammerte mich fest an und trotzte kühn den Wellen, die hoch über dem Schiff zusammenschlugen und mich von allen Seiten benetzten, als wollten sie die Hitze meiner Krankheit kühlen.“

Im türkischen Konstantinopel beobachtete Pfeiffer fasziniert die haremähnliche Atmosphäre des Frauengartens an der Moschee. Im Innern des Heiligtums ließ sie sich von den Darbietungen eines Dutzends tanzender Derwische unterhalten.

Noch 1842 reiste Ida nach Jerusalem und Kairo weiter und übte sich unterwegs in der Kunst des Kamelreitens. Sie wusch sich im Jordan, verirrte sich in den labyrinthischen Gassen des Basars von Beirut und erklomm entschlossen die Pyramiden. Unterdessen wurde sie in der heißen Wüstensonne so tief braun, dass sie sich für einen „Abkömmling der Beduinen“ hätte ausgeben können.

Und dann kam jene Nacht in Ägypten, als die Wände ihres Zimmers unter dem Gewimmel schwarzer Wanzen verschwanden und lebendig geworden zu sein schienen. Sie floh in die Halle, wo Schwärme von Stechmücken ihr Elend verschlimmerten und sich auf sie stürzten, als sie einen zweiten Versuch unternahm, sich schlafen zu legen – diesmal auf den kalten Steinen.

Als Beweis für Ida Pfeiffers Seelenstärke und Unverwüstlichkeit verdient die Tatsache Erwähnung, dass selbst solche extremen Unannehmlichkeiten in ihren Augen zuweilen auch ihr Gutes hatten. Sie sah in der geschilderten Episode einen zusätzlichen Anreiz, früh aufzustehen, und fügte energisch hinzu: „Dagegen war es mir aber auch sehr leicht, lange schon vor Sonnenaufgang zur Weiterreise bereit zu sein."

Ida führte – zwar nur zu ihrem eigenen Vergnügen und niemals als Beitrag zur Reiseliteratur der Welt geplant – recht ausführlich Tagebuch. Einem hartnäckigen Verleger, dem ihre ungewöhnliche Odyssee zu Ohren gekommen war, gelang es schließlich 1846, vier Jahre nach ihrer Rückkehr, ihre Widerstände gegen eine Publikation zu überwinden. Das daraus hervorgegangene Buch, *Reise einer Wienerin in das Heilige Land,* stellte seinen kaufmännischen Instinkt unter Beweis, insofern es sich als populär genug erwies, um vier Auflagen zu erzielen. Am wichtigsten jedoch war, dass das erste Honorar, das Ida bekam, ausreichte, um mit den Vorbereitungen für den nächsten kühnen Ausflug in die große weite Welt zu beginnen, die schon auf sie wartete.

In ihrem zweiten Reisebericht stellte Ida Pfeiffer die entlegene und zu jener Zeit noch kaum erforschte Insel Island in den Mittelpunkt. Heute der westlichste Staat Europas (und möglicherweise die Inspirationsquelle für das sagenhafte *ultima Thule,* den „Rand der Welt", wie die Alten sagten), war Island Mitte des 19. Jahrhunderts ein abgeschiedenes, raues und über lange Zeit von räuberischen Piraten heimgesuchtes Gebiet. Hinzu kamen verheerende Seuchen und Vulkanausbrüche.

Ida, die inzwischen als Reisende wie als Autorin über genügend Selbstbewusstsein und Erfahrung verfügte, brach mit großer Begeisterung nach Island auf. Sie freute sich besonders darauf, die dank der extremen Topographie dieser Landschaft „erhabene[n] Naturszenen mit neuem, unnennbaren Erstaunen" zu betrachten.

Doch im Laufe von sechs Monaten, in denen sie den einfachen Lebensstil der Isländer angenommen hatte, war ihr Enthusiasmus merklich gesunken: Sie fand den Hygienestandard mangelhaft, die Einwohner bäurisch, ihre Kultur langweilig und die Küche monoton.

In der Tat würde Ida, auch wenn sie von sich sagen konnte, dass „Unannehmlichkeiten und Entbehrungen“ für sie keine Schrecken hatten, nie eine unkritische oder ihre subjektive Meinung verleugnende Reisende werden. Und möglicherweise gab ihr Mangel an Begeisterung für Islands arktische Atmosphäre den Ausschlag, das tropische Brasilien zu ihrem nächsten Reiseziel zu erklären.

Im Sommer 1846 brachte die kleine dänische Brigg *Caroline* Ida als eine von lediglich acht Passagieren (vier in Kabinen, vier im Zwischendeck) nach Rio de Janeiro. Rio war allerdings nur der erste Anlaufhafen auf einer Reise, die 19 Monate währen und sie rund um den Globus führen sollte. Während sie fast 60 000 Kilometer auf See und nahezu 5000 Kilometer an Land zurücklegte und – neben anderen exotischen Ländern – Chile, Tahiti, China, Ceylon, Indien, Mesopotamien und Persien (heute Irak und Iran) sowie Russland durchreiste, saugte sie die jeweilige Kultur begeistert in sich ein. Sie war 52 Jahre alt und mehr denn je „überirdisch glücklich“, in diesem Wanderleben ihre Erfüllung zu finden.

Ihr Aufenthalt in Brasilien bot Ida Pfeiffer eine erste Möglichkeit, Erfahrungen mit dem Leben in der Wildnis unter Eingeborenen zu machen. Als sie mit ihrem Führer ein kleines Lager von Puri-Indianern erreichte – ihre „Reise“ ins Landesinnere hatte bedeutet, sich acht Stunden lang durch ein fast „unentwirrbares Dickicht“ zu schlagen war sie erschöpft genug, um eine Einladung zur Übernachtung anzunehmen. Aber bevor sie ihr Bett auf dem nackten Boden aufschlug, mit einem Umhang als Decke und einem „Stück Holz statt eines Kissens“, setzte sie sich mit ihren Gastgebern zu einem Mahl nieder, das aus geröstetem Affen und Papagei bestand (zuvor hatte sie ihre Gastgeber auf der Jagd nach dieser Beute begleitet).

„Mein Appetit war grenzenlos, da ich seit morgens nichts genossen hatte“, erinnert sie sich in *Eine Frauenfahrt um die Welt* (1850), „ich fing also gleich mit dem Affenbraten an, den ich überaus köstlich fand; bei weitem nicht so zart und schmackhaft war das Fleisch des Papageis."

Da Ida Pfeiffer von ihrem Führer oft prahlerisch als „eine Frau von gar vielen Kenntnissen" vorgestellt wurde, sah sie sich mit einer beachtlichen Zahl von Patienten konfrontiert, die hofften, dieses Wissen würde auch nützliche medizinische Ratschläge beinhalten. Der Höhepunkt ihres Aufenthalts im Regenwald war jedoch eine Reihe von Tänzen um ein loderndes Lagerfeuer, dessen unheimlicher Schein sowohl die Schönheit als auch die Bedrohlichkeit der Vorführung unterstrich, deren Zeugin sie wurde.

Von den wilden Energien des Tanzes innerlich aufgewühlt, wurde Ida beim Einschlafen von plötzlichen Ängsten befallen. Sie fragte sich mit wachsender Furcht, welche Schlangen oder wilden Tiere sich ihr wohl nähern mochten, während sie schutzlos auf dem Boden lag:

„...ich stützte den Kopf auf den hölzernen Block und tröstete mich mit dem Gedanken, dass es mit der Gefahr doch nicht so arg beschaffen sein möge, als uns manche Reisende glauben machen wollen; – wie wäre es denn sonst möglich, dass die Wilden so unbekümmert und so ganz ohne Vorkehrungen in ihren offnen Hütten wohnten."

Die praktische Vernunft, die sich hier und bei manch anderer Gelegenheit zeigte, ist umso erstaunlicher, weil sie absolut originell ist. Schließlich „erfand" Ida Pfeiffer nach und nach ihren eigenen Lebensstil, ohne dass sie auf irgendein Rollenmuster, geschweige denn ein auf ihr Geschlecht, ihre Klasse, ihre Herkunft, ihr Alter oder ihre Nationalität zugeschnittenes Modell hätte zurückgreifen können. Erst wenn sie sich später missbilligend über die zwanglose Sexualität der „eingeborenen Schönheiten" auf Tahiti äußert, erinnert man sich wieder daran, dass sie ihre Wurzeln im 18. Jahrhundert hatte und ihre Maßstäbe aus dem 19. Jahrhundert bezog.

Mit der Veröffentlichung von *Eine Frauenfahrt um die Welt* begannen Idas Exzentrik und ihre Marotten zu einem wesentlichen Bestandteil ihres wachsenden Ruhms zu werden. Sie wurde tatsächlich so bekannt, dass Leser und Leserinnen in der ganzen Welt sie inständig baten, doch bei ihnen zu wohnen, wenn sie durch ihre Gegend reiste. Das nötige Geld zur Finanzierung ihrer Reiselust aufzubringen blieb trotz allem ein echtes Problem – selbst als Eisenbahn- und Dampfschifffahrtsgesellschaften in weiser Voraussicht darum zu wetteifern begannen, sie umsonst mitnehmen zu dürfen, und Bewunderer Aufrufe zu ihrer Unterstützung kursieren ließen.

In Anerkennung ihrer Leistungen bot die österreichische Regierung ihr dann 1852 eine Unterstützung von 150 Florin an – keine große Summe, aber für eine Frau, die an äußerste Sparsamkeit gewöhnt war, reichte sie aus –, damit sie ihre nächste Reise planen konnte.

Als Ida Pfeiffer 1851 zu ihrer zweiten Weltreise aufbrach, segelte sie von London nach Kapstadt, mit der Absicht, Afrika zu erforschen. Doch dann änderte sie ihre Pläne plötzlich und reiste ostwärts nach Singapur.

Nachdem sie schließlich auf Borneo gelandet war, brach sie bald, wie schon in Brasilien, ins Landesinnere auf und ließ die „Hitze und Moräste" von Pontianak hinter sich. Dort hatte sie sich damit vergnügt, „täglich zu Fuß den Äquator zu passieren", der „kaum eine Meile" entfernt lag. Ein halbes Jahr lang erforschte Ida Pfeiffer die ungastlichsten Regionen von Borneo.

Wie bereits in ihrer Kindheit fühlte sie sich auch jetzt in Männerkleidung wohl. Aus Gründen der Sicherheit hatte sie sich schon auf ihrer Chinareise fünf Jahre zuvor als Mann verkleidet, als sie durch die Einheimischenviertel von Kanton lief. Als sie jetzt in die abgelegenen Gegenden von Borneo vordrang, wo die Eingeborenenstämme der Dayak die rituelle Kopfjagd praktizierten, trug Ida sowohl Hosen als auch Unterröcke als „Schutzschichten" und behielt stets einen ausladenden Bambushut auf dem Kopf, im Gegensatz zu den Dayak-Frauen, die, wie sie bemerkte, nur „ein Stück Zeug" trugen, während die Kinder nackt umherliefen.

Die Dayak waren Meister in der Jagd mit Blasrohren und Giftpfeilen, und in einem ihrer Langhäuser entdeckte Ida mit Schrecken eine grausige Sammlung abgeschnittener Köpfe von Feinden. Auch wenn sie vor diesem widerlichen Anblick zurückzuckte, konnte sie nicht umhin zu räsonieren, „dass wir Europäer nicht besser, ja im Gegenteil schlechter sind als diese verachteten Wilden. Ist nicht jedes Blatt unserer Geschichte voll Schandtaten, Morden und Verrätereien jeder Art?"

Es ist offensichtlich, dass sich Idas kulturelle Perspektive zwangsläufig erweiterte, während sie ungehindert Grenze um Grenze überschritt und ihre lang angestaute Neugier auf die Welt befriedigte. Doch Sumatra, die Insel, die Marco Polo 600 Jahre zuvor als erster Europäer betreten hatte, sollte ihre mittlerweile erworbene Gleichmut stärker herausfordern.

Dort hatte sie Angehörige des Volks der Batak inständig gebeten, ihr ihre kannibalischen Bräuche vorzuführen. Nachdem die Eingeborenen schließlich ihren Widerstand aufgegeben und eingewilligt hatten, den entsprechenden zeremoniellen Tanz aufzuführen, begriff Ida, dass sie mit den Folgen würde leben müssen: „Freilich war dies nur ein Spiel; ganz anders mag es sich verhalten, wenn ein wirklicher Mensch getötet wird. Nichtsdestoweniger machte dieses schauerliche Spiel einen großen Eindruck auf mich. Ich betrachtete unwillkürlich die wilden Gestalten, in deren Macht ich war; unheimliche Bilder drängten sich vor meinen Geist..."

Und das war nicht alles: Die kunstvolle Pantomime, deren Zeugin sie geworden war, sollte schon Tage später ihre Fortsetzung in der Realität finden. Als sie im Urwald auf eine Phalanx mit Lanzen bewaffneter Männer traf, die ihr den Weg verstellten und ihr drohten, sie zu töten und zu verspeisen, habe sie, behauptet Ida Pfeiffer in *Meine zweite Weltreise*, keinen Augenblick lang ihre Geistesgegenwart verloren.

In der Hoffnung, den Wilden eher als Freund denn als Mittagessen zu erscheinen, hatte sie für solche unerfreulichen Fälle tatsächlich „einen kleinen Satz in ihrer Sprache" gelernt:

„Ihr werdet eine Frau nicht töten und auffressen, am wenigsten eine so alte wie ich bin, deren Fleisch schon hart und zähe ist."

Auch wenn sie Kopfjäger und Kannibalen überlebt hatte, wurde Ida Pfeiffer auf ihrer letzten Reise das Opfer einer launenhaften Herrscherin, deren Vorstellung von Gastfreundschaft darin bestand, sie ins Gefängnis zu werfen. Ranavalona, die unsichere und unter Verfolgungswahn leidende Königin von Madagaskar, hielt Ida Pfeiffer für die Teilnehmerin einer groß angelegten Verschwörung, die auf ihren Sturz abzielte. In einem Anfall von Wut setzte sie herrisch Höflinge, europäische Besucher und Stadtbewohner gefangen; die Unglücklicheren unter ihnen warf sie den Krokodilen vor. Nach diesem Gewaltausbruch befahl Königin Ranavalona ihren Wachen, die Europäer wieder auf freien Fuß zu setzen und zur Küste zur geleiten. Verhängnisvollerweise dauerte diese zermürbende Reise 50 Tage, und Ida erkrankte an einem kräftezehrenden Tropenfieber. Es gelang ihr zwar noch, nach Wien zurückzukehren, dort starb sie jedoch schon 1858.

„Den Tod fürchtete ich nicht", hatte Ida Pfeiffer viele Jahre zuvor geschrieben. Der Mut, den sie ihr Leben lang gezeigt hatte, bewies, wie Recht sie damit hatte. ■

„In einem Zeitalter, das über die Kräfte, die die Menschheit antreiben, zynisch urteilt, erfüllt die Wildnis [meinen Mann und mich] mit Staunen und Begeisterung.“

YVA MOMATIUK

*1940

DIE FOTOJOURNALISTIN Yva Momatiuk ist eine Nomadin von Berufs wegen. Gemeinsam mit ihrem Ehemann John Eastcott hat sie sich fast ein Vierteljahrhundert lang in einigen der entlegensten Gebieten der Erde häuslich niedergelassen.

Doch ob sie die toleranten Kindererziehungspraktiken in einer gottverlassenen Inuit-Siedlung nördlich des Polarkreises beschreibt oder den vielstimmigen Klang, der sich bei Einbruch der Dunkelheit in einem von Leben wimmelnden Sumpf Louisianas entfesselt – ihre Reisephilosophie bricht jedes Mal durch. Diese Gedanken, über Tausende von Meilen herausgefiltert, tragen dazu bei, einen Eindruck von dem außergewöhnlichen Universum zu vermitteln, in dem sie lebt – dem Universum, das sie mit sich führt, wohin auch immer es sie verschlägt.

Für Momatiuk ist die Suche nach Harmonie in jeder neuen Umgebung – „Wir leben dort, wo wir uns im Moment aufhalten, genau dort“ – weniger ein Ziel als vielmehr eine natürliche Art zu sein. Und die Mühelosigkeit, mit der sie sich an neue und oftmals schwierige Situationen anzupassen versteht, hat ebenso viel mit ihrem ausgeprägten Anpassungswillen zu tun, wie sie das Resultat mühsam erworbener Fertigkeiten ist.

1940 in Warschau geboren, verlebte Yva eine Kindheit, die durch die Gegebenheiten in Europa während und nach dem Zweiten Weltkrieg geprägt war. Ihnen war nicht zu entrinnen. Das heimatliche Polen war im Grunde genommen ein verwüstetes Land, „das sich krümmte unter einem gewaltsam errichteten kommunistischen Regime …geknebelt durch den Mangel an allem, von Geld und Perspektiven bis zu Unterkunft und Nahrung“.

Doch ihre Eltern – ihr Vater war Ingenieur, ihre Mutter Anwältin – begriffen, klug, wie sie waren, dass ein junges Mädchen in einer politisch und ökonomisch so unsicheren Lage von einer „soliden“ Grundlage, auf die es bauen konnte, profitieren würde. In Yvas Fall bedeutete dies, dass sie sich jeden Sommer glücklich in die Freiheit des Lebens auf dem Land entlassen sah, weit weg von den Beschränkungen und Entbehrungen des Warschauer Alltags.

In praktischer Hinsicht war für diese jährliche Flucht eine 13-stündige Zugfahrt aus der Stadt in Richtung Süden in Kauf zu nehmen. Doch jedes Mal wenn ihre lebhafte Vorfreude schier unerträglich zu werden drohte, setzte der Zug sie an einer Station in den Ausläufern der Tatra ab, nahe der polnisch-tschechoslowakischen Grenze. Wenn sie durch diese Karpatenlandschaft wanderte, war sie sowohl von der fast düsteren Schönheit der Gegend als auch vom wilden Stolz ihrer Menschen fasziniert.

Als Achtjährige machte Yva dort zum ersten Mal mit Begeisterung von einer Kamera Gebrauch und beschloss, ihre Geschicklichkeit mit einer kunstvollen Aufnahme von einem riesigen Felsblock an einem Gebirgsbach zu erproben. Angesichts des Ergebnisses sei sie, erinnert sie sich amüsiert, von der Art, wie die zahlreichen Grünschattierungen ihrer Komposition auf dem Schwarz-Weiß-Abzug nun als Grauvarianten erschienen, vollkommen fasziniert gewesen! Auch in ihrer Jugend fuhr Yva fort zu wandern, Fotos zu schießen und sich „Pfadfinderkenntnisse“ anzueignen.

1965 nahm Yva an einem internationalen Designwettbewerb teil. Sie hatte in der Zwischenzeit ihren Abschluss in Architektur und Stadtplanung gemacht. Das Dreierteam, zu dem sie gehörte, gewann den zweiten Preis unter 900 Bewerbern. Da die Ost-West-Beziehungen sich allmählich zu entspannen begannen, lud das US-amerikanische Außenministerium Yva und ihre siegreichen Mitstreiter ein, polnischsprachige Architekten in den Vereinigten Staaten zu besuchen. Nachdem sie an dem begehrten Kulturaustausch teilgenommen hatte, landete sie sehr schnell in New York City, wo sie von einem hoch angesehenen Architekturbüro ein Jobangebot erhielt.

Doch trotz dieser verdienten – und beneidenswerten – Stellung „im Zentrum des Geschehens“ fühlte Momatiuk acht Jahre später eine Art inneren Drang, nicht nur die Wolkenkratzer New Yorks, sondern auch die Sicherheit, die ihr die Arbeit daran geboten hatte, hinter sich zu lassen. Die Sehnsucht nach diesem Gefühl grandioser Wildheit, die sie in jenen langen Monaten der Freiheit als Kind so sehr genossen hatte, machte ihr die Entscheidung leicht, eine auf sicheren Füßen stehende Karriere und besonders „dieses gewisse Etwas, das sich als vorherbestimmte Zukunft drohend vor mir abzeichnete“, aufzugeben.

Als Rancharbeiterin in Wyoming angestellt (für 60 Dollar die Woche sowie Kost und Logis), war Yva nach drei Jahren Betätigung als Viehtreiberin längst ein alter Hase, als sie sich eines Tages aus einer Laune heraus für den längeren, malerischen Heimweg von Jackson entschied, wo sie eine Menge Getreide geladen hatte. Als sie einen Anhalter erspähte, dessen Lastwagen nach einer Panne streikte, hatte sie Mitleid mit ihm.

John Eastcott hatte seine Reise zu dieser schicksalhaften Begegnung auf einer staubigen Provinzstraße im Westen Amerikas an einem Ort begonnen, der noch ferner und exotischer war als Yvas Ausgangspunkt – Neuseeland. Und auch er hatte seinen Kurs auf halber Strecke geändert, als er sich von einer Mathematikerlaufbahn verabschiedet und der Fotografie zugewendet hatte.

„Beide hatten wir unsere Heimat verlassen, um zu studieren und zu arbeiten“, sagt Yva, „doch in uns war die Überzeugung gewachsen, dass – würden wir unser Großstadtleben weiterführen – die sprichwörtlichen vier Wände von Wohnungen, Schulen und Büros mit Sicherheit das in uns ersticken würden, was wir am höchsten schätzten: den Sinn für Entdeckungen.

Bei den Great Tetons ineinander zu laufen und herauszufinden, wie viel wir bereits gemeinsam hatten, war reine Formsache – aber auch ein Glücksfall. Wir waren arm und hatten keine Ahnung, was wir als Nächstes tun sollten, doch wir entdeckten, dass unsere Fertigkeiten sich ergänzten.“

Als nahe liegende Lösung bot sich an, beider Talente zu vereinen. Nachdem sie einmal begonnen hatten, miteinander zu leben und zu arbeiten, und die gleiche Nebenbeschäftigung ausübten, bedurfte es schon der täglichen Härten ihres ersten National-Geographic-Auftrags, der sie 1976 fünf Monate in die kanadische Arktis verschlug, um den nächsten Schritt zu wagen: die Heirat. Yva beschreibt diese Zeit als „ein unglaublich romantisches Zu-zweit-allein-Sein, ankämpfend gegen die Not und von Schönheit umgeben“. Wenn sie in so schwierigen Umständen miteinander auskamen – einmal befanden sie sich tatsächlich am Rande des Hungertods, als das Wetter sie an einem winzigen Stützpunkt am Ende der Welt hatte stranden lassen –, würden sie sicher auch die Stürme der Ehe überstehen.

Und so machte John den Vorschlag zu heiraten.

Ihre knurrenden Mägen, die sie in der vom Sturm belagerten Hope Bay quälten, führten allerdings nicht nur zu ihrer

„Verlobung". Unfähig, das Bohren des Hungers länger zu ignorieren oder sich etwas vorzumachen, boten sie an, ihre Vorräte mit der nächsten Inuit-Familie zu teilen, um dafür an deren kärglichen Mahlzeiten teilnehmen zu können.

Für Yva und John, die auf die Feinheiten der Inselgemeinschaft, in die sie eingetaucht waren, abgestimmt waren, bedeutete die Großzügigkeit ihrer neuen Freunde weit mehr als eine scheinbar zufällige Einladung, gemeinsam Fisch zu essen. Obgleich das Angebot offenbar spontan unterbreitet worden war, begriffen die dankbaren Nutznießer, dass in diesem Land der immer währenden Beschränkung eine solche Gastfreundschaft niemals leichtsinnig gewährt wird.

„Wir waren nicht länger bindungslose Zugvögel", sollte Yva später schreiben. Die Entscheidung der Inuit, sie mit Nahrung zu versorgen, hatte in Wirklichkeit etwas mit einem Akt der Adoption gemeinsam.

An jenem Abend im Mai, als sie in die Siedlung von Umingmaktok einflogen, war die Luft kühl. (Der Inuit-Begriff „Umingmaktok" bedeutet übersetzt „wo die Moschusochsen zahlreich sind" und geht zurück auf eine vergangene Zeit, als die Tundra noch von unzähligen Herden bevölkert war.) Das einmotorige Flugzeug hatte zuerst die menschenleeren Weiten der Northwest Territories passiert und sie dann geschickt auf einer kaum 2,75 Meter dicken Meereisfläche abgesetzt.

Plötzlich erschienen zwei Inuit-Familien auf Schneemobilen, um sie zu begrüßen, unfähig, ihre Belustigung über die zierlichen Nylonzelte zu verbergen, die sie Yva und John aufzubauen halfen. Nachdem die Neuankömmlinge einen Tag mit dem Verstauen ihrer Habseligkeiten verbracht hatten, machten sie sich schließlich auf, um einige ihrer vorsichtigen und wachsamen Nachbarn kennen zu lernen. Es war 65 Jahre her, dass Weiße, *qablunaat* genannt, zum ersten Mal in der Gegend von Umingmaktok gesehen worden waren. Seither hatte die formelhafte Reaktion auf solch unerwünschte Störungen laut Momatiuk das angestammte Verhalten der Inuit gegenüber allen Ereignissen, die sich ihrer Kontrolle entzogen, gespiegelt.

„*Ajurnamat!*“, sagen sie. „Da kann man nichts machen!“

Auch Neugier wird meistens in Schach gehalten, und Fragen haben an den Gesprächen der Inuit nur einen geringen Anteil. Doch als sich bald nach Yvas und Johns Ankunft eine der seltenen Gelegenheiten zum Fragenstellen bot, gab Yva gewiss die Antwort, die am allerwenigsten erwartet wurde.

„Als ich, in einem Fischercamp auf dem Fußboden eines Zeltes sitzend, meinen ersten Kampf mit einer rohen, zähhäutigen Forelle ausfocht, indem ich energisch darauf herumkaute, platzte die junge Ehefrau von Tikhak, der in Umingmaktok für die Vorratslagerung zuständig war, mit der Frage heraus:

‚Wo lebst du?'

Unschlüssigkeit. Wo lebten wir? Am Großen Sklavensee, wo wir im Jahr vorher den Sommer mit Cree- und Dogrib-Indianern verbracht hatten? In der Ranchhütte in Utah, wo wir überwintert hatten? In unserem Pick-up, den wir 470 Kilometer Luftlinie entfernt im Süden zurückgelassen hatten? In meiner Heimat Polen? In Johns Heimat Neuseeland? Ich zeigte in Richtung unseres Camps:

‚Wir leben hier.'“

Für die Inuit, die von dem lebten, was das Land hergab, wechselten sich Tage der Fülle normalerweise mit Tagen des Hungers ab. Selten setzten sie sich zum Essen nieder, lieber nahmen sie Kleinigkeiten zu sich, wann immer der Hunger sie überkam. Unter den Hauptnahrungsmitteln, die Yva und John in der Arktis bei Umingmaktok kosteten, waren Dinge wie Karibuzungen, Seemöweneier, getrockneter Fisch und gebratenes Brot – alles mit Unmengen von Tee hinuntergespült. Und manchmal konnten sogar die *qablunaat* ihren Wert unter Beweis stellen: Als die Vorräte zur Neige gingen, fiel Yva ein, wie sie als Kind in Polen manchen Vormittag im Wald zugebracht hatte, und sie bat die Inuit-Kinder, ihr beim Sammeln und Kochen von Pilzen zu helfen. Es war das erste Mal, das die Gruppe im Camp eine solche Delikatesse kostete, doch Yva versichert: „Wir hatten niemals vor, ihnen etwas Neues beizubringen, wie Missionare oder andere Weiße es versucht hatten."

Umgekehrt hatten die Inuit ihre eigene besondere Delikatesse – in Walfischspeck eingewickelte Seehundflossen, die vergraben wurden, bis sie vollkommen ranzig waren. Doch zu Yvas und Johns Enttäuschung hinderte man sie am Kosten dieses Festschmauses. Auch einen weiteren Leckerbissen enthielt man ihnen vor: verfaulten Seetaucher – eine Speise, auf die sie weniger erpicht waren.

„John und ich entschlossen uns, zu Fuß zum Buchanan-Bay-Camp weiterzuziehen. Wir fragten Tikhak, wie wir dorthin kämen. Weil er uns in Sicherheit wissen wollte, beschrieb er uns den Weg nicht. Wieder und wieder sagte er: ‚Ich weiß nicht', was so viel bedeutete wie: ‚Wie kann ich euch das sagen? Es gibt so viele Wege dorthin. Ich weiß nicht, welcher der beste für euch ist.'

Dieser Wesenszug ist allen Inuit gemeinsam. Wenn ich versuchte, jemanden dazu zu bringen, mir eine Arbeit zu zeigen, die er, wie ich wusste, gut beherrschte, bekam ich oft zu hören, ja, es gebe Leute, die das könnten, doch er wäre sicherlich der Letzte, den man fragen solle. Einmal kam John mit Hakungak und seinem Bruder Akana zum Camp zurück, nachdem sie den Tag über Karibus gejagt hatten. Ich servierte etwas zu essen und sagte: ‚Ich bin sicher, ihr wisst, dass John eine unfähige Frau hat. Mein Haferkuchen [gebratenes Brot] zerfällt, der Seehund ist verkocht und der Tee kalt. Ich kann weder kochen noch nähen. Ich habe keine Ahnung, warum John mich behält. Und schaut euch diesen Fisch an: Ist das etwa eine Methode, ihn zu zerlegen? Es ist eine Schande. Ich schäme mich.'

John amüsierte sich über mein Spielchen, vor allem, als ich jammerte: ‚Betrachtet euch diesen Mann! Mit leeren Händen kommt er nach Hause! Während andere Jäger gutes Fleisch und fette Seehunde heimbringen, spielt er mit seinen Kameras wie ein Kind und ist zu nichts zu gebrauchen. Hässlich, wie ich bin, muss es an mir gelegen haben, dass ich keinen besseren Mann abbekommen habe!'

Akana lächelte, beugte sich zu meinem in Ungnade gefallenen Gefährten vor und sagte: ‚Liebes Mädchen.' Beide Brüder sahen zufrieden aus. Auf diese Art liefen Gespräche ab."

Wie bei jeder ersten Liebe währte das Entzücken über Umingmaktok auch dann noch, als eine Reihe anderer „Heimatorte" in ihrem weiten Herzen Platz gefunden hatten. („Wahrscheinlich ist das, was uns mehr als alles andere bei der Stange hält, diese Aufregung, die uns überkommt, wenn wir Pläne für das nächste Jahr schmieden", meint Yva.)

Schließlich wurden dort jene Instinkte geschärft, die ihnen noch immer sagen, wie man das Tempo drosselt und zuhört. Man könnte sagen, dass sie in Umingmaktok ihre Fähigkeit perfektionierten, anderen Kulturen Respekt zu erweisen. Das spiegelt sich sowohl in ihrem Verhalten als auch in ihrem Umgang mit der Kamera wider.

Seitdem sie das Leben der Menschen von Umingmaktok zum ersten Mal geteilt hatten, hielten Yva und John fast 25 Jahre lang ständigen Kontakt zu den Freunden, die sie dort gefunden hatten. Sie sind zu ihnen zurückgekehrt, wann immer sie konnten, und haben das Schicksal dieser zerbrechlichen Kultur, die durch die Unveränderlichkeit ihrer Umgebung noch so an ihre Vergangenheit gebunden war, auch weiterhin verfolgt, selbst wenn die Inuit inzwischen E-mails erhalten und eine eigene Website haben. Ihre eigene Rolle beim Dokumentieren von Umingmaktoks Vergangenheit festzuhalten ist Yva und John wichtig.

So bemerkte Momatiuk kürzlich: „Die Fotos, die wir vor 22 Jahren in der Arktis machten…, sind bereits Archivale. Diese Lebensweise existiert nicht mehr. Wir erwischten den letzten

Zipfel einer Welt, die sich im Umbruch befand, und erlebten den Einbruch des Neuen“, fügt sie hinzu.

„Ich habe nie an irgendeinem Ort fotografiert, den ich verabscheute und zu dem ich niemals mehr zurückkehren wollte“, gesteht Momatiuk. „Tatsächlich schöpften wir die Möglichkeiten eines Ortes nicht ganz aus, fotografierten nicht alles, gingen nicht überallhin.

Für uns ist es ideal, an irgendeinem entlegenen, unzivilisierten Ort eine Zeltplane auf den Boden zu werfen und unsere Schlafsäcke daraufzulegen. Wir laufen umher, fotografieren und beobachten, wie die Dämmerung in die Nacht übergeht. Und jeden Morgen brandet eine riesige Welle des Glücks in uns auf: Da kommt das Licht. Wir fühlen uns privilegiert, gerade hier zu sein. Und wir greifen diese reine Empfindung eines Neubeginns auf, wie ein Maler zu einer neuen Leinwand greift, und erforschen dieses Versprechen.“

Gefesselt von der „Anziehungskraft der Landschaft“ sowohl des rauen Nordens – Labradors, Neufundlands, der Pribilofinseln – als auch der zerklüfteten Bergregionen – Neuseelands Südalpen, der Tatra ihrer Jugend – beruft Momatiuk sich gerne auf die „Rippen der Erde“, wenn sie von ihren Lieblingszielen spricht.

„Setz mich für eine Woche auf einem Hügel in der Arktis aus, und ich werde mich erfüllt fühlen.“

Oder, noch mehr aufs Wesentliche verkürzt: „Ich werde zum Bersten lebendig sein.“ ■

Tieren auf der Spur

DIAN FOSSEY

1932 – 1985

BIRUTÉ GALDIKAS

*1946

„Ich hatte den tiefen Wunsch, wilde Tiere in einer Welt zu beobachten, die noch nicht gänzlich von Menschen verändert worden war, und dort mit ihnen zu leben. Ich glaube, ich wollte die Uhr wirklich zurückdrehen …der Gedanke, irgendwo zu sein, wo noch nicht alle Tiere in winzige Areale zurückgedrängt worden sind, hat etwas sehr Anziehendes für mich."

Vorhergehende Doppelseite: Dian Fossey dirigiert den Transport von Vorräten in ihr Camp im afrikanischen Virunga-Gebirge, wo sie bedrohte Gorillas erforschte, mit ihnen lebte und sie schützte.

ALAN ROOT

DIAN FOSSEY

1932 – 1985

„Nie werde ich meine erste Begegnung mit den Gorillas vergessen. Geräusch kam vor Sicht, und vor dem Geräusch kam noch der Geruch in Form einer umwerfenden Mischung aus moschusartigem Stall- und Menschenduft. Plötzlich war die Luft erfüllt von einer Reihe schriller Schreie, gefolgt von dem rhythmischen Rondo scharfen Pok-Pok-Brustgetrommels eines großen männlichen Silberrückens, der von einer schier undurchdringlichen Pflanzenmauer verdeckt war …Wir lugten durch das Dickicht und konnten eine ebenso neugierige Phalanx schwarzer, ledergesichtiger, beschopfter Menschenaffen sehen, die auf uns zurückstarrten. Ihre klaren Augen bewegten sich unruhig unter starken Brauen, als ob sie uns einordnen wollten als vertraute Freunde oder mögliche Feinde."

Nur einer der beiden nichtmenschlichen Begleiter, die Dian Fossey halfen, ihre Einsamkeit während ihrer Jugend in erträglichen Grenzen zu halten, war ein Warmblüter. Es war ein Pferd, ihre erste Liebe. Als leidenschaftliche Reiterin saß sie sicher genug im Sattel, um nach Abschluss des Colleges einen Teil des Sommers auf einer Ferienranch in Montana zu arbeiten.

Doch jenseits der Ställe, zu Hause, war ihre Kindheit öde. Wann immer sie ihren Eltern ihre schmerzliche Sehnsucht nach der Gesellschaft von Tieren offenbarte, traf sie auf erbitterten Widerstand. Tiere seien schmutzig, erklärte man ihr, und ohne ihr eine andere Wahl zu lassen, wurde ein einsamer Goldfisch ihr einziges Haustier.

Goldie, wie der Fisch getauft wurde, war der ganze Stolz seiner Besitzerin, auch wenn er nach sechs Jahren friedlichen Umherschwimmens in einer Kugel unweigerlich sein Leben aushauchte. Dian, die dieses Ereignis später als erstes schweres Trauma ihres Lebens ansah, erinnerte sich gut daran, dass sie eine geschlagene Woche lang untröstlich Tränen vergoss. Es mutet an wie eine Ironie des Schicksals, dass die Frau, die später für ihre Verdienste als furchtlose Freundin und Beschützerin der bedrohten afrikanischen Berggorillas gefeiert werden sollte, als kleines Mädchen, das um seinen geliebten Fisch trauerte, als „Trostpflaster“ nicht einmal einen Hamster akzeptieren wollte.

Dian wurde 1932 in San Francisco geboren. Sie war sechs, als ihre Eltern sich scheiden ließen. Ihr Vater, George Fossey, ein Mann ohne einen Funken Charakterstärke, verschwand dann schließlich aus ihrem Leben. Innerhalb eines Jahres heiratete ihre Mutter Kitty erneut, diesmal jemanden, der sie besser versorgen konnte – einen Unternehmer mit einträglichen Geschäften.

Leider schien ihr Stiefvater Richard Price von Dian nicht nur zu erwarten, dass sie nach Abschluss der High School ihre eigenen Ziele weitgehend aufgab, sondern versuchte sie zugleich hartnäckig exakt zu der Art von Büroarbeit zu drängen, zu der sie keine Lust hatte. Sie ignorierte ihn, indem sie beschloss, ihren eigenen Weg zu gehen, und wurde bald als Teilnehmerin eines Programms zur Vorbereitung auf das Studium der Tiermedizin an der University of California in Davis angenommen.

Bis zum zweiten Ausbildungsjahr war klar, dass es mehr als leidenschaftlicher Tierliebe bedurfte, um Prüfungen in Chemie und Physik zu bestehen. Sie stand am Scheideweg. Weiterhin entschlossen, einen Heilberuf zu erlernen, löste Dian das Problem, indem sie die Universität wechselte und auf Beschäftigungstherapie als Hauptfach umstieg.

Nachdem sie einige Monate klinische Erfahrung in einem kalifornischen Krankenhauskomplex gesammelt hatte, wandte sie sich 1956 gen Osten, um in Kentucky ein neues Leben zu beginnen. Dort war ihr eine Stelle als Direktorin einer Therapieeinheit in einem Rehazentrum für Kinder angeboten worden.

Viele der jungen Patienten, die dort ärztlich behandelt wurden und mit denen sie arbeitete, entstammten dörflichen Gemeinschaften. Waren sie einmal aus ihrer häuslichen Umgebung gerissen und genötigt, die Krankenhausvorschriften einzuhalten, glichen die unter ihrer Obhut stehenden Kranken oft „eingesperrten wilden Tieren ohne Hoffnung auf Entkommen“. Und weiter: „Es bedarf einer ungeheuer großen Dosis Fürsorge und Freundlichkeit, um ihnen das Gefühl zu vermitteln, dass das Leben lebenswert ist.“

Dian pendelte täglich zwischen der Stadt und einem abgeschiedenen, baufälligen Farmhaus auf dem Land hin und her, wo es zu ihrer großen Freude sowohl Haustiere als auch frei lebende Tiere in Hülle und Fülle gab.

Auch wenn Dian sich bei gesellschaftlichen Ereignissen in der Stadt in der Rolle der umschwärmten jungen Frau erprobte und dabei Bewunderer anzog, doch zwangsläufig ebenso zurückwies, war sie in spiritueller Hinsicht immer noch Suchende genug, um zeitweilig unter den Einfluss eines charmanten

Priesters zu geraten. Ihr späterer Übertritt zum katholischen Glauben war, wenn auch von kurzer Dauer, für ihre Mutter daheim in Kalifornien ein Anlass zu übertriebenem Kummer.

Schon im Jahr nach ihrer Übersiedlung nach Kentucky hatte sich eine verlockende Vision von Afrika („wo noch nicht alle Tiere in winzige Areale zurückgedrängt sind"), stetig immer tiefer in ihre Fantasie einzugraben begonnen. „Ich hatte diesen starken Drang, dieses Bedürfnis, nach Afrika zu gehen. Ich hatte es seit dem Tag meiner Geburt." Wahrscheinlicher ist allerdings, dass die lebendigen Anekdoten eines 1957 aus Afrika zurückgekehrten Journalisten – einer Bekanntschaft aus Louisville – das große Verlangen, Afrika mit eigenen Augen zu sehen, auslösten.

Als eine enge Freundin sie drei Jahre später zu einer Safari einlud, für die Dian zu ihrem Leidwesen die Mittel nicht aufbringen konnte, begann sie von heute auf morgen zu knausern – in der Hoffnung, dass sie genug würde zur Seite legen können, um irgendwann auf eigene Faust nach Afrika aufzubrechen. (Sie drehe jeden Penny um, schrieb sie ihrer Mutter, die dies selbstverständlich ebenso missbilligte wie alles andere, für das ihre Tochter Begeisterung aufbrachte.)

In der Danksagung ihres Buches *Gorillas im Nebel* (Originalausgabe 1983, dt. Ausgabe 1989) erwähnt Dian als Erstes eine großzügige Familie aus Louisville, die Henrys, deren Lombardkredit ihr die 5000 Dollar zusammenzubringen half, die ihre siebenwöchige Reise nach Afrika ihrer Schätzung nach hätte kosten sollen. Sie war einverstanden gewesen, ihr Gehalt für die nächsten drei Jahre zu einem astronomischen Zinssatz von 24 Prozent zu verpfänden, denn auf lange Sicht spielte

In den ersten Jahren, die Dian Fossey in Karisoke, ihrer Forschungsstation, verbrachte, päppelte sie zwei Gorillababys, die sie Pucker Puss und Coco taufte, gesund. Regelmäßiges Füttern (und „Bäuerchenmachen"), erklärte sie, würden sogar „der pedantischsten Entbindungsstation, die man sich denken kann, gerecht" (Foto rechts).

BOB CAMPBELL

nichts für sie eine Rolle – Hauptsache, sie kam endlich nach Afrika.

Als sie im September 1963 in Nairobi eintraf, erholte sie sich gerade von einem ihrer regelmäßigen Rückfälle von Lungenentzündung. Sie schleppte 27 Kilogramm Übergepäck mit sich. Ein großer Teil davon – knapp 20 Kilogramm – ging auf das Konto ihres Medizinschranks; sein Inhalt war für eine Allergikerin wie Dian, die an Asthmaanfällen litt und zu Erkrankungen der Atemwege neigte, unverzichtbar.

In Begleitung eines bekannten weißen Führers, den sie zu ihrem Leidwesen ziemlich unsympathisch fand, machte sie sich auf den Weg durch Kenia und Tanganjika (das heutige Tansania) und in den Kongo (das heutige Zaire). Einen Herzenswunsch ihrer Traumreise hatte sie sich bereits erfüllt, als ihr in der ersten Woche ihres Aufenthalts die Gelegenheitvergönnt war, den legendären Anthropologen Dr. Louis Leakey in seinem Basislager in der Olduvai-Schlucht unweit des Serengeti-Nationalparks aufzusuchen.

Obwohl sie dort stürzte, sich den Knöchel brach und daher am Stock gehen musste, freute sie sich, von Leakey ernst genommen zu werden, ungeachtet der Tatsache, dass sie kaum mehr war als ein Fan und eine Amateurnaturforscherin. Sie hörte genau zu, als er nachdrücklich darauf hinwies, wie wünschenswert weitere, vertiefende Freilandstudien über die großen Menschenaffen seien. Auch nahm sie sein ausdrückliches Lob für das nun im dritten Jahr laufende Langzeit-Schimpansenprojekt zur Kenntnis, das von seinem Schützling Jane Goodall in Tanganjika geleitet wurde. Doch das Erfreulichste von allem war, dass der charismatische Leakey ihre Faszination für die Gorillas im Virunga-Gebirge teilte, das sie als nächstes ansteuerte.

Fußlahm oder nicht – sie wollte bis in die Nähe des schwierig zu erreichenden natürlichen Lebensraums dieser Gorillas vordringen. Sie lebten auf etwa 3050 Meter Höhe unterhalb des Gipfels des Mount Mikeno. In dieser Vulkangegend, die lange Zeit im Zentrum von Grenzkonflikten stand, hatte der amerikanische Zoologe George B. Schaller eine Entwicklungsstudie über Berggorillas angefertigt. Auf der hoch gelegenen Karabawiese beim Mount Mikeno hatte er ungefähr drei Jahre zuvor insgesamt 458 Stunden in die Beobachtung der Gorillas investiert.

Fast wäre es beim Aufstieg auf dem Pfad zu einer allerersten Begegnung mit einem Gorilla gekommen. Dian Fossey hatte nur seine schrillen Schreie gehört. Das Tier hatte den an der Spitze gehenden einheimischen Führer angegriffen, verschwand aber, ehe sie mit ihrem schmerzenden Knöchel hatte aufschließen können. Trotz dieser Verletzung erreichte sie den Gipfel des Mikeno. Später sagte sie dazu: „Das Terrain war unglaublich, fast senkrecht, und wir mussten uns an Kletterpflanzen festklammern oder auf Händen und Knien vorwärts kriechen."

Überwältigt von der „physischen Großartigkeit" der lärmenden Gorillagruppe, auf die sie schließlich am vorletzten Tag in den Bergen traf, ließ das Gefühl, sie sei verwandt mit diesen Tieren – deren charakteristischer halb wilder, halb menschlicher Geruch ihren spektakulären Auftritt angekündigt hatte –, sie nicht mehr los.

Es fiel ihr schwer, sich von ihrem Afrikaabenteuer loszureißen und ins alltägliche Leben in Kentucky zurückzukehren. Dennoch wusste sie instinktiv, dass das Band, das dort geschmiedet worden war, wirklich existierte und dass ihr Schicksal irgendwie mit diesen „riesigen, nur schemenhaft sichtbaren" Tieren verknüpft war.

Allen Widrigkeiten zum Trotz zweifelte diese 31-jährige Kindertherapeutin, die ihren Job gekündigt und sich leichtsinnig verschuldet hatte, um ihre Reise zu finanzieren, niemals daran, dass sie eines Tages „wiederkommen würde, um mehr über die Gorillas der Nebelberge zu erfahren".

Auch die Worte ihres afrikanischen Campkochs klangen noch in ihr nach. Als er zusammen mit ihr zum ersten Mal einen Gorilla aus der Nähe gesehen hatte, hatte er ausgerufen: „*Kweli nudugu yanga!*“

„Kein Zweifel, bei Gott, sie sind von meiner Art.“

„Dr. Leakey erinnerte sich schwach an mich als die ungeschickte Touristin vor drei Jahren; sein Interesse wurde jedoch geweckt durch einige Fotos und Artikel, die ich seit meiner Rückkehr aus Afrika veröffentlicht hatte. Nach einer kurzen Unterredung schlug er vor, ich sollte das ‚Gorillamädchen' werden, das er für eine langfristige Freilandbeobachtung gesucht hatte. Unsere Unterhaltung endete mit seiner Mahnung, dass ich mir unbedingt den Blinddarm herausnehmen lassen müsse, bevor ich es wagen könne, in die abgeschiedene Wildnis des hoch gelegenen Verbreitungsgebietes der Gorillas in Zentralafrika aufzubrechen. Damals hätte ich so ziemlich allem zugestimmt, und ich traf sofort Vorkehrungen für eine Blinddarmoperation.“

Kurz nachdem Dian ihren Blinddarm in einem Operationssaal zurückgelassen hatte, stellte sich zu ihrer Überraschung heraus, dass ihr neuer Mentor lediglich auf die ihm eigene seltsame Weise ihre Entschlossenheit hatte testen wollen. Eigentlich hatte er nicht damit gerechnet, dass sie den prophylaktischen chirurgischen Eingriff tatsächlich über sich ergehen lassen würde.

Das „Einstellungsgespräch“, das Leakey mit Fossey führte, fand 1966 statt. Sie trafen sich, als Leakey auf einer Vortragsreise in Louisville Halt machte. Während sie seiner Entscheidung harrte und auf das Resultat seiner Bemühungen, das Geld zur Deckung ihrer Ausgaben vor Ort aufzutreiben, wartete (noch hatte sie die Schulden, die sie für die vorangegangene Reise gemacht hatte, nicht abbezahlt), brachte sie sich selbst Suaheli bei. Dann, kurz vor dem Jahreswechsel, erhielt sie die gute Nachricht, dass Leighton Wilkie, der Jane Goodalls Arbeit gefördert hatte, auch ihre Forschungen finanzieren würde. Endlich war sie auf dem Weg zurück nach Nairobi.

Von dort aus wollte sie selbst die 1130 Kilometer in den Kongo fahren. Sie wusste, dass die größte Herausforderung darin bestehen würde, ihre Aufzeichnungen vor der kongolesischen Bürokratie zu schützen, die ihr die Genehmigung erteilen sollte, ihr Lager aufzuschlagen und sich eine Basis für ihre Arbeit zu schaffen.

Zwei Jahre später, 1968, unterstützte auch das National Geographic Society's Committee for Research and Exploration ihre Arbeit. Ihr erster Bericht, „Making Friends with Mountain Gorillas", erschien im Januar 1970 im *National Geographic* und machte Louis Leakeys überaus engagiertes „Gorillamädchen" der Welt bekannt.

„Während der vergangenen drei Jahre habe ich die meiste Zeit mit wilden Berggorillas verbracht. Ihre und meine Heimat waren die nebligen bewaldeten Abhänge des Virunga-Gebirges, acht erhabene Vulkane – der höchste 4507 Meter hoch –, die sich die afrikanischen Staaten Ruanda, Uganda und die Demokratische Republik Kongo teilten.

Während dieser Zeit wurde ich sehr vertraut mit vielen Gorillas, und sie mit mir ...Ich erkenne in den Gorillas Individuen mit je eigenen Zügen und eigener Persönlichkeit, und vielen von ihnen gab ich Namen – in erster Linie, um sie in den Hunderten von Seiten meiner Notizen identifizieren zu können: Rafiki, Onkel Bert, Icarus und so fort..." Damit brachte Fossey klipp und klar zum Ausdruck, dass Nähe sich in Intimität verwandelt hatte, genau so, wie sie es sich erhofft hatte.

Indem sie lernte, sich wie ihre Forschungsobjekte zu verhalten – das heißt ihre ausdrucksvolle Artikulation und Körpersprache nachzuahmen –, gewann sie ihr Vertrauen und konnte sogar verblüfft feststellen, dass sie von einigen Gruppen, die sie beobachtete, „fast als Mitglied" akzeptiert wurde.

„Das Lehrbuch gibt für solche Studien die lapidare Anweisung: sitzen und beobachten", schrieb sie. Da sie jedoch eine andere Herangehensweise vorzog, übte sie sich in der Kunst des Schreiens, Grunzens und lauten Rülpsens. Sie überwand sich dazu, die gleichen Blätter zu kauen wie die Gorillas, bewegte sich in tief geduckter Haltung fort und wurde eine Expertin darin, sich selbst in Gorillamanier zu pflegen.

„Ich kratzte lautstark meine Kopfhaut ...Fast unmittelbar danach begann [ein Gorilla] sich zu kratzen. Es war unklar, wer hier wen nachäffte“, scherzte sie. Doch ihre Mimikryversuche zahlten sich aus, als Peanuts, ein besonders verspielter Gorilla, seine Scheu überwand und den Arm ausstreckte, um Dians Hand zu berühren – möglicherweise der erste Kontakt überhaupt zwischen einem wilden Gorilla und einem Menschen.

Ein ausgewachsener männlicher Gorilla – Gorillas sind die größten unter den großen Menschenaffen – kann 1,80 Meter groß und mehr als 180 Kilogramm schwer werden. Es ist daher leicht nachvollziehbar, dass eine unerwartete Begegnung einschüchternd wirken kann. Doch wie Fossey vor mehr als drei Jahrzehnten in ihrem ersten publizierten Beitrag ausführte, garantierte die Größe ihrem Forschungsgegenstand, dem Berggorilla *Gorilla gorilla beringe*, nicht länger Schutz vor seinen zahlreichen natürlichen und unnatürlichen Feinden. Ihrer Prophezeiung entsprechend schrumpfte schon damals ihr Bestand und ihr Lebensraum zu schnell, als dass ihr Überleben in einer unbestimmten Zukunft gesichert wäre.

Sechs Monate nachdem Dian Fossey ihr Camp auf der von George Schaller bevorzugten entlegenen Karabawiese eingerichtet hatte, wurde sie von bewaffneten Soldaten rüde vom Mount Mikeno verschleppt. Sie erklärten ihr, sie werde zu ihrer eigenen Sicherheit in einem Straflager festgesetzt.

Belgisch-Kongo war in Zaire umbenannt worden, und schnell wurde ihr klar, dass sie überall sicherer wäre als dort, wo sie festgehalten wurde. Mit List und Tücke gelang ihr die Flucht über die Grenze nach Uganda. Schon bald erfuhr sie, dass Befehl erteilt worden war, sie ohne Warnung niederzuschießen, wenn sie es wagen sollte, nach Zaire zurückzukehren.

Nach einer Besprechung mit Louis Leakey in Nairobi zur Erörterung des weiteren Vorgehens wurde beschlossen, dass sie ins Virunga-Gebirge zurückkehren würde – allerdings auf der ruandischen Seite. Sie war alles andere als begeistert von seinem – dem unberechenbaren politischen Klima angemessenen – Vorschlag, ihre Berggorillas zugunsten von Flachlandgorillas in Westafrika oder Orang-Utans in Asien zu verlassen.

Zudem wurde sie von der recht schockierenden Nachricht in Kenntnis gesetzt, dass sie vom US-Außenministerium bereits „als vermisst gemeldet und totgesagt worden sei". Doch nur ein Gedanke beherrschte sie: „Es gab noch Gorillas zum Aufspüren und Berge zum Erklettern", und innerhalb von zwei Wochen hatte sie wunderbarerweise mit einigen der wandernden Gorillagruppen Kontakt aufnehmen können, die sie schon aus Karaba kannte.

Sie „erkannten mich und hielten ihre Stellung in einem Abstand von ungefähr 17 Metern. Ich konnte auch ein Baby sehen, das inzwischen geboren worden war." Dieses unerwartete Wiedersehen mit vertrauten Gesichtern „war die herrlichste Willkommensgabe, die ich mir wünschen konnte", schrieb sie.

Das Leben, das Dian Fossey während der nächsten 18 Jahre in Afrika zu führen beschloss, ist mitnichten als einfach zu bezeichnen. Wie die von ihr so heiß geliebten bedrohten Tiere war sie ständig gezwungen, sich selbst sowohl vor den Widrigkeiten der Natur als auch vor den zielgerichteteren Übergriffen menschlicher Wesen zu schützen. Eine Auflistung dessen, was einem in dem vulkanischen Hochland alles in die Quere kommen konnte, umfasst zum Beispiel das Erklimmen von 45 Grad steilen Hängen, das Waten durch Morast, das Durchschlagen undurchdringlicher Vegetation und das Kriechen durch stechendes Laubwerk. „Die meisten Menschen", schrieb sie, „stellen sich Afrika als trockene Ebene unter ständig sengender Sonne vor. Wenn ich an Afrika denke, fallen mir nur die gebirgigen Regenwälder der Virungas ein – kalt und dunstig, mit einer durchschnittlichen jährlichen Regenmenge von 1800 Millimetern."

Doch es war nicht die Natur, die sie am Ende vernichten sollte – und es war ein unermesslich schreckliches Ende. Der einzig mögliche Trost, der sich daraus ableiten lässt, ist, dass es sie ausgerechnet an jenem Ort dieses Planeten traf, an dem sie am allerliebsten war und den sie als ihren ureigenen beanspruchte.

Als Berühmtheit in der Welt jenseits der Berge gefeiert, blieb Dian eine stolze und unerschütterliche Kämpferin gegen die Wilderer, Herdenbesitzer, Jäger, Schwarzmarkthändler und andere Plünderer, deren Pläne und Wünsche ihren eigenen zuwiderliefen. Allem, wofür sie so lange gearbeitet hatte, drohte durch diese Kontrahenten dauerhafte Gefahr.

In den Monaten vor ihrem Tod verwirrten sie ein „vages Gefühl des Unbehagens im Zusammenhang mit den Gorillas" sowie deren plötzliches unberechenbares Verhalten, das sie nie zuvor beobachtet hatte und nicht zu erklären vermochte. Auch in der Nähe ihres Hauses konnte sie nicht sicher fühlen. Der Giftanschlag auf ihre beiden Papageien, dem diese beinahe zum Opfer gefallen wären, war nur eine von vielen Warnungen, die sie seit der Aufnahme ihrer Arbeit erhielt. Doch trotz des wachsenden Risikos setzte sie ihren Kampf fort und sagte einmal: „Wenn ich in einem angeblichen Naturschutzgebiet den gesetzlichen Vorschriften, die das Abschlachten von Tieren verbieten, Geltung verschaffen kann, dann muss ich das tun."

Ihre Forschungsstation Karisoke – benannt nach den beiden Virunga-Bergen Karisimbi und Visoke – war am 24. September 1967 offiziell gegründet worden. Am 27. Dezember 1985 sollte dort in ihrem Haus ihre Leiche gefunden werden, der Schädel gespalten von einem unbekannten Angreifer.

Von den Eingeborenen Nyiramachabelli genannt – „die alte Frau, die ohne einen Mann im Wald lebt" –, deutete sie sich und ihr Leben sehr schön und treffend in *Gorillas im Nebel*. „Als

Pionier war ich gelegentlich einsam", schrieb sie, „aber mich erfüllte ein so übergroßes Gefühl der Befriedigung, wie es kein Nachfolger je empfinden wird. ■

„Die Mäuler derAffen waren unergründliche Schlünde. Einmal holte ich zwei Taschenlampenbatterien aus Sugitos Maul. Zufrieden, dass er nun ‚clean' war, wollte ich gerade gehen, als er eine weitere Batterie auf seine Unterlippe beförderte. Sobiarso pflegte Glühbirnen zu essen, und sie und Rio saugten sämtliche Füllfederhalter leer. Es ging darum, wer der Gewitztere war, und sie gewannen!"

BIRUTÉ GALDIKAS

*1946

Für Biruté Galdikas waren sie wie eigene Kinder, und weil sie weit weg von zu Hause lebte, sah sie ihnen ihr unmanierliches Benehmen nach. Ob sie gierig oder dickköpfig waren, einen Wutanfall hinlegten, einander bissen oder einfach aus Leibeskräften kreischten, Biruté Galdikas reagierte stets verständnisvoll. Und wenn sie – sie waren kräftig für ihr Alter – Zerstörungslust an den Tag legten (etwa Kissen und Matratzen in Fetzen rissen oder Löcher in die Wände bohrten), beseitigte sie die Schäden und hoffte, dass sie irgendwann aus diesen schlechten Angewohnheiten herauswachsen würden.

Wie also hätte sie auf den Gedanken kommen sollen, dass der Erstgeborene dieser lebhaften Nachkommenschaft, ein besonders intelligenter Siebenjähriger, eines Tages weit über den gewöhnlichen Unfug, für den er bekannt war, hinausgehen würde? Weit genug, um offenbar ohne jede Reue einen seiner Spielkameraden kaltblütig zu töten? Dies war der schlimmstmögliche Albtraum für eine Mutter.

Für die Primatenforscherin Galdikas machte die Tatsache, dass es sich bei Sugito keineswegs um den klassischen „minderjährigen Mörder von nebenan" handelte, der in den Abendnachrichten als Sensation gehandelt wird, sondern vielmehr um einen jungen Orang-Utan, den sie adoptiert hatte, ihre Situation noch schmerzlicher. Sie hatte die Absicht gehabt, ihn wieder an sein natürliches Umfeld zu gewöhnen, doch nun sah sie sich mit ungeahnten Schwierigkeiten konfrontiert.

Nachdem sie auf der indonesischen Insel Borneo jahrelang in nächster Nähe dieser großen roten Affen gelebt hatte, wusste sie jedoch sehr wohl, dass „wild lebende ausgewachsene Orang-Utans überwiegend Einzelgänger und normalerweise sehr friedliche, sanfte Geschöpfe sind. Dass sie töten, wurde noch nie beobachtet."

Folglich wurde ihr sehr bald ihre eigene Rolle in dieser Tragödie klar – und das Bewusstsein, sich unwissentlich mitschuldig gemacht zu haben, verstärkte ihre Qual noch –, auch wenn sie sich größte Mühe gegeben hatte, ihren Schützling zu einem wirklichen Orang-Utan heranzuziehen: „Ich stand vor den schrecklichen Folgen der Tatsache, dass ich einen Orang-Utan versehentlich wie ein menschliches Wesen aufgezogen hatte."

Die Tochter litauischer Eltern, die 1948 nach Kanada emigriert waren, entdeckte die frühesten Spuren der Faszination, die die Naturwissenschaften ein Leben lang auf sie ausgeübt haben, in den zappelnden Kaulquappen und Salamandern, die sie in einem Park nicht weit von ihrem Elternhaus in Toronto in Eimer geschaufelt hatte. Doch ihr früh empfundenes Verlangen, den Geheimnissen der Welt um sie herum auf den Grund zu gehen, beschränkte sich nicht nur auf das, was sie anfassen oder aufsammeln konnte. Ihr Horizont war bereits weiter: „In unserem Hinterhof standen alte

Eichen, und ich lag oft darunter, sah hoch zu den Sternen und ...grübelte."

Wenn man über die Unermesslichkeit des Universums und seine unauslotbare Ferne nachdenkt, gibt es naturgemäß mehr Fragen als Antworten. Aber ein Kind ist gewissermaßen eine „Neugiermaschine" ohne Ausschaltknopf, und die Köstlichkeit der Empfindung, etwas nicht zu wissen und es gleichzeitig unbedingt wissen zu wollen, bildet den Kern von Galdikas' Kindheitserinnerungen an ihre kontemplativen Momente. Tatsächlich hat diese frühreife Neigung, den Dingen auf den Grund gehen zu wollen, ein Leben lang angehalten und den Keim für eine Karriere gelegt.

Vor allem die Urgeschichte und die Ursprünge der Menschheit beschäftigten ihre Vorstellungskraft und lockten sie weiter. Außerdem wusste sie schon seit langem – ein Aufbaustudium in Anthropologie diente lediglich dazu, ihr instinktives Wissen darüber, was ihr zu tun bestimmt war zu bestätigen –, dass sie sich ausschließlich und aus größtmöglicher Nähe mit *Pongo pygmaeus*, dem einzigen großen Menschenaffen Asiens, beschäftigen wollte: dem Orang-Utan.

Die Gründe für ihre Fixierung auf Orang-Utans seien ganz einfach zu erklären, sagt Biruté Galdikas. Sie hat oft beschrieben, dass die Art, in der die Augen von Orang-Utans „unsere eigenen spiegeln", sie nicht losließ. (Orang-Utans, besonders die jüngeren, haben nicht nur menschenähnliche Gesichter, anders als Gorillas und Schimpansen gleichen sie uns auch darin, dass man das Weiße um die Iris sehen kann.) Das malaiische Wort „Orang-Utan" bedeutet, wörtlich übersetzt, „Mensch des Waldes".

Der andere Grund für ihre Wahl entspringt einem intensiveren, sehr persönlichen Hang zur Forschung, einer Veranlagung, die in Birutés Intellekt Wurzeln geschlagen hatte, die so tief reichten wie die der mächtigen Eichen ihrer Kindheit. Sie wollte noch immer wissen, „woher wir kamen", und dies sei für sie, so sagt sie, „nicht nur ein wissenschaftliches, sondern auch ein spirituelles Streben".

Während ihres Graduiertenstudiums an der Universität des Staates Kalifornien in Los Angeles (UCLA) hörte Biruté Galdikas 1969 eine Vorlesung von Dr. Louis Leakey, dem Archäologen und Anthropologen, dessen Fossilienfunde in Ostafrika zehn Jahre zuvor Schlagzeilen gemacht und die Geburtsstunde des Homo sapiens zurückverlegt hatten. Sie wusste, dass Leakey glaubte, sorgfältige Langzeitbeobachtungen der größten Menschenaffen der Welt würden überraschende Wahrheiten über die Verbindungsglieder zu jenen Vorfahren des Menschen ans Licht befördern, deren Knochen er gefunden hatte. Mit diesem Ziel vor Augen war er zu einem wichtigen Mentor für zwei Frauen geworden, deren Freilandstudien über Primaten bereits Aufsehen erregt hatten: Jane Goodall und Dian Fossey.

In der Überzeugung, dass sich ihr ganzes zukünftiges Leben verändern würde, wenn sie ihn nur dazu bringen konnte, sie anzuhören, nahm Biruté im Hörsaal Platz. Doch erst als Leakey endlich seine Beziehungen zu Goodalls Schimpansen-Projekt erwähnte, überkam sie ein Gefühl der Schicksalhaftigkeit. Ihre Orang-Utans – die zu beobachten ihr großer Traum war, auch wenn sie bisher noch nie ein wild lebendes Exemplar gesehen hatte – wurden plötzlich sehr viel realer für sie.

Dr. Leakey seinerseits hörte ihr zu, als sie nach seinem Vortrag auf ihn zukam, und war beeindruckt von ihrer Leidenschaft und Bestimmtheit. Außerdem schätzte er die scharfe Beobachtungsgabe, die sie zeigte, als er ihr eine Reihe merkwürdiger kleiner Aufgaben stellte. Nachdem er sich davon überzeugt hatte, dass sie alle Voraussetzungen mitbrachte – sprich: über den nötigen Mut, die Intelligenz und Ausdauer verfügte, sich einer derartigen Herausforderung zu stellen –, war er (wie auch die National Geographic Society) bereit, sie bei ihrem Vorhaben zu unterstützen.

Mit einem Schlag galt Biruté Galdikas als vertrauenswürdig: Mit 25 Jahren hatte sie plötzlich den Olymp der Tierkundler von Weltrang betreten, einer Elite, die über das Privileg verfügte, ihren Obsessionen bis in die entlegeneren Winkel der Erde nachgehen zu können. Und 9000 Dollar, der Betrag, den Leakey in zweieinhalb Jahren für sie beschaffen konnte, waren 1971 eine nicht unbeträchtliche Summe. In den Regenwäldern Indonesiens würde sie lange damit auskommen.

„Vor 30 Jahren hieß Reisen noch etwas ganz anderes." Sie erinnert sich nicht ohne eine gewisse Nostalgie an den Hauch von Romantik, der ihre mühselige und langwierige Exkursion begleitet hatte. „Heute gibt es Direktflüge nach Asien. Aber damals war das eine endlose Reise mit Zwischenlandungen in Honolulu und in Guam, wo Flugzeuge nur dreimal in der Woche starteten. Als wir dann auf Borneo ankamen, glaubten wir beinahe zu träumen."

Als sie mit nichts als einem Rucksack und drei Ausgaben des *National Geographic* ausgestattet über den Pazifik flog, konnte sie natürlich nicht wissen, dass das Reservat Tanjung Puting, das etwa 36 Quadratkilometer große Forschungsgebiet, zu dem sie unterwegs war, für die nächsten drei Jahrzehnte den Mittelpunkt ihres Lebens bilden würde. Sie wusste jedoch, dass sogar die Karten der US-Regierung, die sie bei sich führte, zu wünschen übrig ließen, was spezifische Informationen anging. Wenn sie zum Beispiel ihren Zielort suchte, fand sie häufig die wenig hilfreiche Angabe „Höhe unbekannt".

Mehr als 70 Prozent von Borneo, der drittgrößten Insel der Welt, sind indonesisches Staatsgebiet („Kalimantan" nennen es die Indonesier). Trotz ihrer Größe ist die Insel nur dünn besiedelt. Sie wurde, wie die mangelhafte Karte erkennen ließ, wegen ausgedehnten Regionen mit unzugänglichem Terrain nie gründlich erforscht oder sorgfältig kartographiert.

Auch sollte niemand glauben, dichter Urwald, Mangrovensümpfe und pflanzendurchwucherte Flüsse seien alles, was das Landesinnere von Borneo an Unannehmlichkeiten zu bieten hat. So schreibt Galdikas in ihren Erinnerungen *Meine Orang-Utans. 20 Jahre unter den scheuen „Waldmenschen" im Dschungel*

Borneos (1995): „Die wahren Gefahren des Regenwalds gingen ...von kleinen lästigen Lebewesen [aus], von Viren, Parasiten, Insekten und von Pflanzengiften. Egel gab es in so großer Zahl, dass man abends nicht mehr wusste, wie viele davon man im Lauf eines einzigen Tages von sich abgenommen hatte."

Was Galdikas und ihr Mann, der Fotograf Rod Brindamour (mit dem sie über 13 Jahre verheiratet war), bei ihrer Ankunft vorfanden, war in jeder Hinsicht „absolute Wildnis". Einschüchternd, aufregend und erschreckend zugleich, brachte diese Wildnis sie in den ersten Wochen fast zur Verzweiflung. Doch Birutė Galdikas harrte aus, wie gebannt durch den flüchtigen Anblick jener scheuen Geschöpfe, die zu verstehen und von denen zu lernen sie hergekommen war. Egel und andere Widrigkeiten versuchte sie so weit wie möglich zu ignorieren.

„Es gab keine Führer oder Nachschlagewerke, [um] all diese Tiere [zu bestimmen]. Es dauerte ein Jahr, bis ich mich auskannte. Zur einheimischen Fauna gehören Wildschweine, Malaienbären, Elefanten, Krokodile und Königskobras, während Nashörner, einst zahlreich, durch intensive Jagd nahezu ausgerottet waren."

„Ich wusste nicht einmal, ob wir Kopfjägern begegnen würden", gesteht sie. Schließlich war Borneo seit den Reiseberichten aus dem 19. Jahrhundert, einschließlich des von Ida Pfeiffer verfassten, berüchtigt für seine Kopfjäger, und laut Birutė Galdikas sind Kopfjagden noch in den 1960er-Jahren vereinzelt vorgekommen.

Frühere Wissenschaftler, die zur Erforschung der Orang-Utans nach Borneo gereist waren (der einzige andere natürliche Lebensraum liegt im Norden von Sumatra), hatten, entmutigt durch die ungünstigen Bedingungen, keine großen Fortschritte gemacht. Galdikas hatte sich in deren Werke vertieft, um sich mit dem, was sie erwartete, vertraut zu machen. Die Erkenntnis, dass viele dieser Berichte aus Aufzählungen endloser mit Warten verbrachter Stunden zu bestehen schienen, machte sie betroffen.

„Ich glaubte wirklich, ich würde die ganze Zeit über bis zum Hals im Morast stehen." Sie sah sich bestätigt, als die ersten Orang-Utans, eine Mutter mit ihrer Tochter, tatsächlich unerreichbar am Rande eines Sumpfs gesichtet wurden: „Ich glaubte weiter daran."

„Was sein Sozialverhalten betrifft, galt der Orang-Utan immer als sehr verschieden nicht nur vom Menschen, sondern auch von anderen Affen und Menschenaffen, einschließlich seiner afrikanischen Verwandten, dem Gorilla und dem Schimpansen. Primaten sind als soziale Tiere par excellence charakterisiert worden, aber die wilden Orang-Utans, die Rod und ich in diesen ersten Monaten sahen, waren ausnahmslos Einzelgänger: einzelne Männchen oder ausgewachsene Weibchen, die von ihren noch nicht selbstständigen Jungen begleitet wurden."

Doch sie habe gewusst, sagt Galdikas, „dass Orang-Utans einander treffen und Kontakt aufnehmen müssen – und sei es auch nur, um sich fortzupflanzen – und ich brannte darauf, das ganze Spektrum dieser Beziehungen kennen zu lernen."

Als sie das erste Mal eines ihrer Forschungsobjekte auf dem Erdboden entdeckte (statt dicht unterhalb des Blätterdachs, das die Tiere bevorzugen), humpelte sie gerade durch den Regen ins Camp zurück. „Mein linkes Bein war voller Blut, das aus einer Wunde sickerte, die ich mir mit meiner Machete zugefügt hatte. Sie war abgerutscht, als ich eine Schlingpflanze durchtrennen wollte." Sie traute ihren Augen kaum: Ein Orang-Utan lief lautlos auf allen vieren durch das hohe Gras eines Feldes. Nur wenig später protokollierte ähnliche Beobachtungen allerdings genügend häufig, um zu wissen, dass dies kein so seltenes Ereignis war, wie sie geglaubt hatte.

Galdikas bestätigte sogar, dass Orang-Utans, die normalerweise jede Nacht ein neues Schlafnest hoch oben in den Bäumen bauen, dieses Muster manchmal durchbrechen. „Ich war erstaunt, als ich ein noch nicht ausgewachsenes Männchen tagsüber 45 Minuten lang auf dem Boden schlafen sah. Es baute kein Nest, sondern bog lediglich einen Schössling unter sich, als es sich niederlegte."

Der glühend heiße Tag, an dem sie plötzlich einem anderen großen, ausgewachsenen Männchen gegenüberstand, das sich auf dem Erdboden fortbewegte, ist ihr lebhaft in Erinnerung geblieben. „Es war fast ein Showdown. Ich machte gerade einen Rundgang, als ein riesiger Orang-Utan auftauchte und geradewegs auf mich zukam. Mit gesenktem Kopf schlenderte er dahin und nahm keine Notiz von meiner Anwesenheit. Dann blieb er, weniger als vier Meter von mir entfernt, plötzlich stehen. Für lange Sekunden starrte er mich an. Ich glaube, er versuchte den bizarren Anblick einer blassgesichtigen Primatenforscherin mit großer schwarzer Sonnenbrille, die einen großen Sack mit schmutziger Wäsche umklammerte, zu verarbeiten."

Einige der dramatischsten, komischsten und herzzerreißendsten Augenblicke, die Biruté Galdikas während der 30 Jahre erlebte, die sie im Tanjung-Puting-Reservat verbrachte, sind jedoch mit jenen Orang-Utans verbunden, die ausgewildert wurden. Diesen Tieren werden etliche schlechte Angewohnheiten, die sie in der Zivilisation angenommen haben, meist mit viel Mühe abgewöhnt, bevor man sie wieder der Wildnis anvertraut. Ob sie von Wilderern gekidnappt, durch Rodungen oder Holzeinschlag heimatlos gemacht, aus Zoos entlassen oder von Labors ausgesetzt wurden – in der Regel haben diese Orang-Utans allen Grund, Verhaltensstörungen zu entwickeln.

Sugito, das erste der aufgenommenen „Findelkinder", war ein Jahr alt, als er in Camp Leakey (das Galdikas ihrem Gönner zu Ehren so genannt hatte) ankam. Er hatte keinerlei Probleme, sie als seine Mutter zu akzeptieren. Aber da junge Orang-Utans sich bis zum Alter von vier Jahren an ihren Müttern festklammern und erst mit sieben vollständig entwöhnt sind, „gab

ROD BRINDAMOUR

In ihrer Rolle als Ersatzmutter versuchte Biruté Galdikas ihre jungen Schützlinge an ihren natürlichen Lebensraum zu gewöhnen. Dabei erfuhr sie buchstäblich am eigenen Leib, wie Orang-Utan-Säuglinge sich an ihre Mütter klammern.

es viel Kampf und Geschrei, selbst wenn ich ihn nur von einem Körperteil zu einem anderen zu bugsieren versuchte".

Sugito kostete begierig alles, was ihm in die Quere kam, von einer Flasche Desinfektionsmittel bis zu Taschenlampenbatterien, und er liebte es, eine Ladung durchgekauten Nahrungsbrei in Birutés Tee zu spucken. Mit den anderen „orangen Monsterbabys" wetteiferte er darum, sich mitten in der Nacht in Birutés und Rods Bett zu stehlen, wobei die Affen am Ende die beiden Menschen von ihrer Matratze drängten.

Doch mit zunehmendem Alter wurde Sugito immer unberechenbarer, und was bislang lediglich nervenaufreibend gewesen war, drohte jetzt zur Gefahr zu werden. Biruté in ihrer Rolle als Ersatzelternteil erkannte nun – zu spät – ihre Grenzen: „Mir fehlten die kraftvollen Kiefer und die großen Eckzähne, mit denen eine Orang-Utan-Mutter ihren jugendlichen Sprössling schnell und schmerzlos zur Selbstständigkeit erzieht."

Nun war Sugito unglücklicherweise zu dem äffischen Äquivalent eines charmanten Serienkillers herangewachsen, zu dessen Modus operandi es gehörte, dass er sehr junge Weibchen, auf die er eifersüchtig war, im Fluss zu ertränken versuchte, indem er ihr Gesicht unter Wasser drückte.

Im Schutzgebiet Tanjung Puting existierte kein Rechtssystem, auf dessen Grundlage man hätte einschreiten und ein Urteil sprechen können; es gab keine Ankläger und keine Verteidiger – es gab nur Traurigkeit. Auch wenn Sugito schließlich aufhörte zu töten, sei ihr klar gewesen, sagt Galdikas, dass er aus dem einzigen Heim verbannt werden musste, das er je gekannt hatte, seit er sechs Jahre zuvor aus dem kleinen Käfig, in dem man ihn gefangen gehalten hatte, gerettet worden war.

Nachdem Sugito einen besonders zerstörerischen Raubzug durch ihr Haus veranstaltet hatte, willigte sie schließlich ein, auch wenn es ihr das Herz brach, dass ihr erstes Kind des Waldes weit entfernt vom Camp ausgesetzt und dazu gebracht werden musste, für sich selbst zu sorgen. Biruté war nicht sicher, ob sie den verwaisten Orang-Utan je wieder sehen würde. Und doch begann sie Jahre später, nachdem einige männliche Orang-Utans, die sie offensichtlich kannten, zum Camp kamen, an die Möglichkeit zu glauben, dass sich unter ihnen ein erwachsener und jetzt sehr verändert aussehender Sugito befinden könnte.

Mit Rod Brindamour hat Biruté Galdikas einen Sohn, Binti Paul. Mit ihrem zweiten Ehemann, Pak Bohap bin Jalan, einem Stammesoberhaupt der Dayak, den sie 1981 heiratete und der Kodirektor ihres Orang-Utan-Projekts ist, hat sie einen Sohn und eine Tochter, Frederick und Filomena Jane.

Als 1998 zur indonesischen Dürre noch niedergebrannte Wälder kamen, war Biruté gezwungen, den Speiseplan ihrer Affen durch täglich ausgelegte Früchte zu ergänzen. „Ich setze meine Forschungsarbeit fort", erklärt sie, „ich verlasse mich auf ausgebildete Dayak-Assistenten und indonesische Studenten. Aber das drängendste Problem ist, dass wild lebende Orang-Utans verschwinden werden, weil Wilderei und der Verlust ihres natürlichen Lebensraums sie zu einer bedrohten Art gemacht haben."

Die Jahre, die sie mit hingebungsvollem Arbeiten, Denken, Schreiben und Forschen über ihre großen Menschenaffen verbracht hat, verleihen ihrem Standpunkt Kraft und Nachdruck, und ihre Leidenschaft hat niemals nachgelassen: „Ich habe das Gefühl, die Welt steht der Zerstörung ihres Lebensraums gleichgültig gegenüber. Wir teilen unseren zerbrechlichen Planeten mit vielen anderen Geschöpfen, und es ist an uns, ihn zu achten und zu bewahren." ■

Globe-trotterinnen

ISABELLA BIRD BISHOP

1831 – 1904

DERVLA MURPHY

*1931

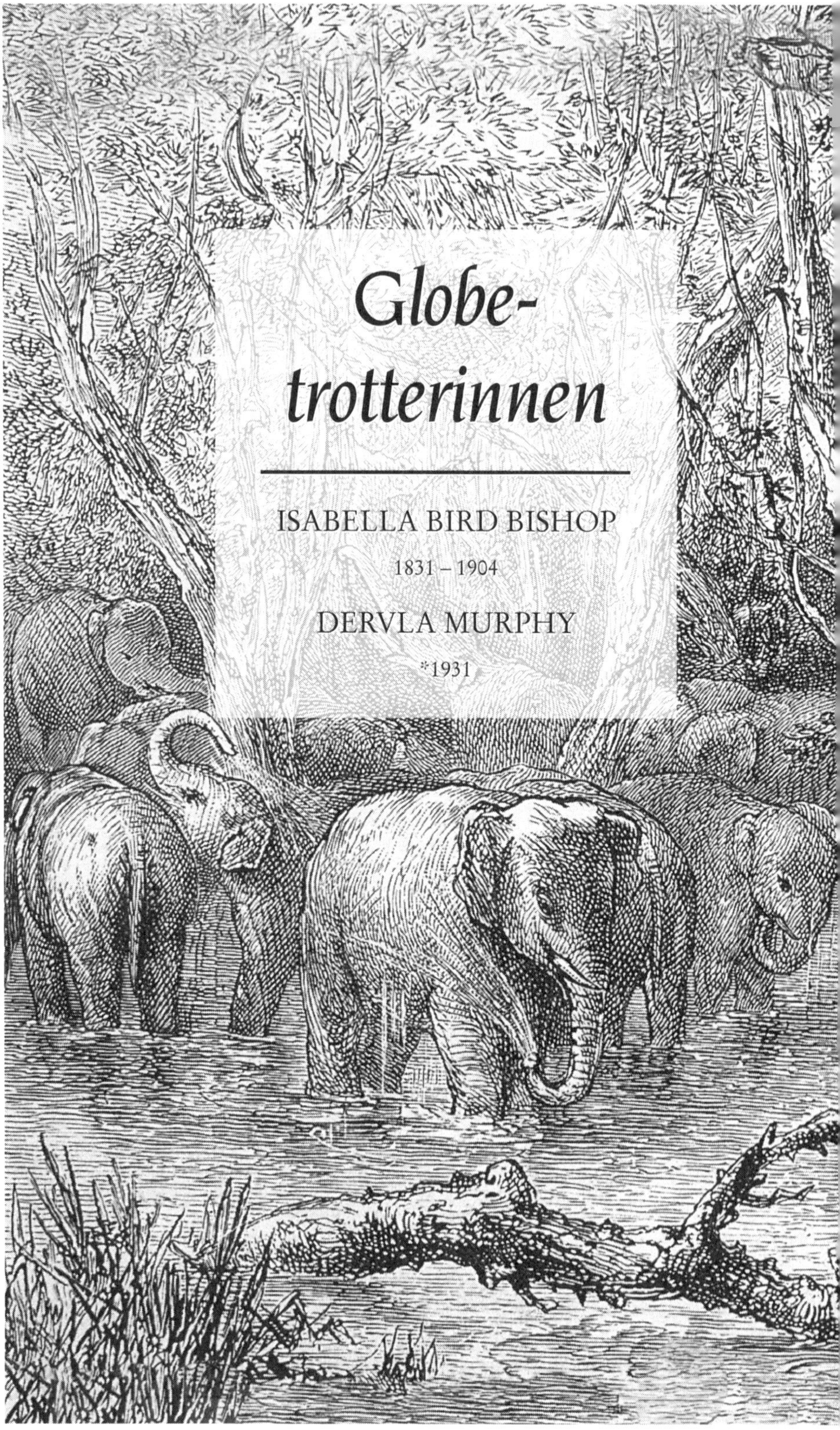

„Der Elefant ...wurde zur Veranda geführt. Es sind wirklich grässliche Tiere mit ihrer grauen, faltigen, haarlosen Haut, den mächtigen, ausgefransten ‚Klappen', die ihre Ohren bedecken..., den kleinen, bösartigen Augen und dem schrecklichen Rüssel, der sich schlangengleich um alles herumwindet..."

Vorhergehende Doppelseite: Isabella Bird Bishop reitet auf dem Rücken eines Elefanten durch den malaiischen Urwald. Mühsam bewahrt sie ihr Gleichgewicht in einer Vorrichtung, die sie als sperrigen, lediglich mit „frischen Zweigen und Blättern" gepolsterten Korb beschreibt.

(LIBRARY OF CONGRESS)

ISABELLA BIRD BISHOP

1831 – 1904

REISENDE HABEN DAS PRIVILEG, mit vollkommener Schicklichkeit die unschicklichsten Dinge tun zu können, das ist einer der Reize des Reisens."

Mit diesem Bonmot erweckt die berühmte viktorianische Globetrotterin Isabella Bird Bishop den Eindruck, dass sie dazu neigte, Aufsehen zu erregen oder für Skandale zu sorgen – obwohl es viel wahrscheinlicher war, dass die Tochter eines Geistlichen, wo immer sie auftauchte, aus dem Stegreif eine Bibelstunde leiten oder einen Vortrag über die Übel der Sklaverei halten würde, als absichtlich irgendeinen Fauxpas zu begehen, selbst dann, wenn sie sich im Ausland befand.

Entschieden unschicklich allerdings – zumindest hätten ihre Zeitgenossen es so genannt – war Isabellas unstillbare Sucht, allein an exotische Orte zu reisen, besaß doch bei einer Engländerin mittleren Alters und vornehmer Herkunft, die oft ihre eigene sonderbare Version der jeweiligen einheimischen Tracht trug, nur schon die bloße Tatsache ihrer Anwesenheit ein gewisses „Schockpotenzial" – zum Beispiel, wenn sie auf einem schwarzen Pferd mit karminrotem Sattel durch nordafrikanische Berberfestungen galoppierte oder sich in einer offenen Sänfte durch das ländliche China tragen ließ.

Isabella, die erst sechs Jahre zählte, als die junge Königin Viktoria 1837 ihre 63 Jahre währende Regentschaft antrat, und die tapfere Monarchin um drei Jahre überlebte, erscheint sicherlich als Inbegriff jenes Zeitalters, in dem sie so ganz und gar zu Hause war. Indem sie fromme Konventionalität und zügellose Exzentrik in sich vereinigte, verkörpert sie das Urbild des Viktorianismus in seinem ganzen eigentümlichen Glanz.

Manchen galt Isabella Bird Bishop als die produktivste innerhalb der bunt schillernden Schwesternschaft weiblicher Forschungsreisender des 19. Jahrhunderts, die rastlos und unermüdlich Buch um Buch, Artikel um Artikel verfertigten. Man hat ihr sogar Allgegenwart zugeschrieben: „Früher oder später reiste sie an nahezu jeden Ort", lautete das Resümee eines Kommentators, der voller Bewunderung die Kontinente aufzählte, die sie durchquert hatte. Noch bedeutsamer ist, dass Isabella Bird Bishop in den gut 150 Jahren, die seit ihrer Geburt verstrichen sind, mehrfach zur „Beliebtesten" unter den Reisenden des Viktorianischen Zeitalters gekürt wurde.

Nichtsdestoweniger sollte vermutlich Dr. John Bishop, der treue schottische Arzt, der ihr Ehemann wurde, das letzte Wort haben. (Ungeachtet wiederholter Zurückweisungen warb er weiter um sie, bis sie ihm endlich, mittlerweile 50 Jahre alt, zwischen zwei Reisen das Jawort gab.) Es ist Dr. Bishop hoch anzurechnen, dass er genügend Verständnis für seine Braut besaß, um liebevoll zu spotten: „In Isabellas Herz wohnt ein Rivale, und das ist das mittelasiatische Hochland."

Isabella Lucy Bird wurde 1831 in Nordengland geboren und zu Hause unterrichtet. Sie hatte eine jüngere Schwester,

Henrietta (genannt „Hennie"), an der sie mit großer Liebe hing. Als sie das Jugendalter erreichten, predigte ihr Vater, Reverend Edward Bird, sowohl in kleinen Dorfkirchen in Yorkshire und Cheshire als auch von der Kanzel einer großen Stadtgemeinde in der Industriestadt Birmingham.

Während ihrer Kinderjahre wurde die frühreife Isabella von Verwandten und Dienstboten dermaßen verwöhnt, dass sie etwas von einem Enfant terrible hatte, welches die Erwachsenen oft mit vorlauten sarkastischen Bemerkungen überraschte. Als leidenschaftliche Leserin verschwand sie häufig mit einem Buch in den Ställen und war so lange unauffindbar, bis ihr jeweils neuestes Versteck entdeckt war. Sie, die später ausgezeichnet, ja in unnachahmlicher Weise reiten sollte, erlernte diese Kunst, indem sie zunächst auf einem Kissen hochoben auf dem Pferd ihres Vaters thronte. Bald schenkte man ihr ein eigenes Reittier, und sie begleitete ihren Vater voller Stolz, wenn er über die holprigen Feldwege seines Pfarrbezirks preschte.

Nachdem sie eine gefeierte Reisende und Schriftstellerin geworden war, erklärte sie ihre viel gerühmte Beobachtungsgabe zu damit, dass sie mit Wärme dieser lang zurückliegenden Ausflüge gedachte, bei denen ihr Vater sie im Gespräch „über alles und jedes" befragte und sie die richtigen Antworten geben musste. Während sie zusammen daherritten, pflegte der Reverend sie mit Fragen über die „Getreidesorten in diesem oder jenem Feld..." zu prüfen oder darüber, „wie jedes Tor, durch das wir ritten, eingehängt war, über Tiere, die wir sahen, und Gemeindeglieder, die wir trafen".

Als sie 18 Jahre alt war und mit ihrer Familie im mittelenglischen Wyton in Huntingdonshire lebte (einer weiteren winzigen Landgemeinde ihres Vaters), musste Isabella sich wegen eines Rückenmarkstumors einer Operation unterziehen. Seit ihrer Kindheit war sie anfällig für eine Vielzahl körperlicher Leiden, einschließlich Schlaflosigkeit und schmerzhafter Abszesse am Fuß. Für den Rest ihres Lebens sollte sie unter

Rückenschmerzen oder, wie die Diagnose lautete, „Rückenmarksschwäche“ leiden. Aufgrund ihres schlechten Gesundheitszustands verbrachte Isabella den Großteil ihres beginnenden zweiten Lebensjahrzehnts in „halb liegender Position“, wie Anna Stoddart, ihre Freundin und eine ihrer ersten Biografen, es höflich nannte.

Doch trotz dieser Tatsache hatte sie anderen wohlbehüteten jungen Damen, sogar jenen, die weit weniger anfällig für chronische Gebrechen waren, bereits ein wirklich erstaunliches Abenteuer voraus. Denn 1852, im Alter von 22 Jahren, war es Isabella kurz nach ihrer Ankunft in London, wo sie eine Tante besuchen wollte, gelungen, beim Verlassen des Bahnhofs eigenhändig einen Mordanschlag gegen ein Kabinettsmitglied zu vereiteln.

Das Abenteuer – eine Episode aus dem wirklichen Leben, die es mit jedem der damals aktuellen Schauerromane aufnehmen konnte – begann, als Isabella nach einer Droschke rief und auf dem Sitz ein Päckchen mit Dokumenten entdeckte, das der letzte Fahrgast dort liegen lassen hatte. Nachdem sie in der Hoffnung, Hinweise auf den Besitzer zu entdecken, den Inhalt des Päckchens untersucht hatte, begriff Isabella sehr schnell, dass es sich bei ihrem Fund um die Einzelheiten eines mörderischen politischen Komplotts handelte. Einfallsreich, wie sie war, kam sie auf die Idee, einen schnellen Tausch vorzunehmen. Sie ersetzte die kompromittierenden Papiere durch einen Stapel Anzeigen ähnlicher Größe und händigte diese dem Mann aus, der nur einen Augenblick später am Fenster der Droschke erschien, um sein Eigentum zurückzufordern.

Bevor er gegen die Vertauschung protestieren konnte, befahl Isabella dem Kutscher, sie so schnell wie möglich zum Innenministerium zu fahren, wo sie das belastende Beweismaterial persönlich dem Minister übergab. Für den Rest ihres Aufenthalts in London stand Isabella unter dem offiziellen Schutz der Regierung. Ein Kriminalbeamter bewachte sie, um zu verhindern, dass die Schurken, die sie so kaltblütig überlistet hatte, sich an ihr rächen konnten.

Doch noch immer schien nichts, nicht einmal die jährlichen Sommeraufenthalte der Familie Bird im stärkenden Klima des schottischen Hochlands, irgendeinen anhaltenden Heileffekt auf Isabellas Gesundheit zu haben. Sie war immer noch teilnahmslos, niedergeschlagen und litt unter Schlafstörungen. Schließlich schlug der Hausarzt der Familie, nachdem es keine Arzneitränke oder Pillen mehr auszuprobieren gab, eine Art Rosskur vor: eine lange, möglicherweise wie ein Stärkungsmittel wirkende Seereise.

Besorgt um das Wohlbefinden ihrer Tochter, stimmten die Birds der Reise zu, und so ging Isabella an einem Junimorgen des Jahres 1854 mit dem Segen ihrer Eltern und 100 Pfund Taschengeld (ihr Vater gestattete ihr großzügig, so lange wegzubleiben wie ihr Geld reichte) an Bord eines Nordamerika-Dampfers der Cunard-Linie. Sie reiste allerdings nicht ganz alleine, wie sie es später, als sie sich rund um den Globus wagte, am liebsten tat: Bei dieser Jungfernfahrt stand sie unter der respektablen Aufsicht ihrer kanadischen Cousins, die von einem Besuch nach Hause zurückkehrten.

Was immer sie oder ihre Eltern sich von der Seeluft und dem Ortswechsel versprochen haben mochten – der Mediziner jedenfalls, der zu der Seereise geraten hatte, kannte sich offensichtlich in Psychologie aus und war seiner Zeit weit voraus. Sobald sie unterwegs war, mit Halifax in Nova Scotia als erstem Anlaufhafen, begann Isabella aufzublühen. Es sollte nicht lange dauern, bis sie die Gelegenheit haben würde, dieses Heilmittel erneut zu erproben. Fast immer stellte sich heraus, dass das beste Tonikum für jedes Leiden Isabellas – dazu zählte schließlich auch die Trauer über den Verlust geliebter Menschen, ob Eltern, Schwester oder Gatte – der schlichte Akt des Reisens war.

„Es ist wirklich traurig“, schloss sie später mit leiser Ironie, „aber ordentlich herumgestoßen zu werden, unter freiem Himmel zu leben und dazu in meiner Umgebung genügend Dinge, die meine Anteilnahme wecken, ist das Allerbeste für meine Gesundheit und meine Lebensgeister.“

Während ihrer ersten großen Reise – die sieben Monate dauerte und von der sie mit zehn Pfund zurückkehrte – füllte Isabella ihre Tagebücher und ihre Briefe nach Hause mit leuchtenden Impressionen aus der Neuen Welt. Von den Ufern des Mississippi bis New York nahm sie es fröhlich mit einer ganzen Latte von Missgeschicken auf, einschließlich eines Taschendiebstahls und den Nachwirkungen einer Cholera-Epidemie. Außerdem genoss sie in jeder Stadt, in der sie sich aufhielt – darunter Cincinnati, Chicago, Detroit, Toronto, Montreal und Boston – das lebhafte gesellschaftliche Treiben.

Nach ihrer Heimkehr nach Wyton wurde Isabella von ihrem Vater ermutigt, ihren Reisebericht zu einer publikationsfähigen Erzählung umzuarbeiten. Da ihr das Schreiben leicht von der Hand ging und sie über einen natürlichen Stil verfügte und weil sie das Vorhaben schon um seiner selbst willen ebenso genoss wie die Chance, ein Publikum jenseits von Familie und Freunden zu erreichen, stellte Isabella in nur fünf Monaten einen ersten Manuskriptentwurf fertig. Im Sommer 1855, fast auf den Tag genau ein Jahr nach ihrer Abreise, war sie bereit, sich die Empfehlung eines Bekannten an John Murray, den vornehmen Londoner Verleger, zunutze zu machen.

Obwohl er den langweiligen Titel *The Car and the Steamboat*, mit dem sie ihr Manuskript versehen hatte, ablehnte, war Murray Feuer und Flamme und bereit, Miss Bird durch die Strapazen und Annehmlichkeiten einer Schriftstellerexistenz hindurchzugeleiten. So begannen eine Geschäftsbeziehung und eine Freundschaft, die zu beider Vorteil und in gegenseitigem Respekt fast 40 Jahre lang Bestand haben sollte.

Isabellas erstes Buch, umbenannt in *The Englishwoman in America*, erschien im Januar 1856 und erntete diesseits wie jenseits des Atlantiks bewundernde Besprechungen. Auch die Absatzzahlen waren ermutigend. Freudig opferte sie ihre nicht unbeträchtlichen Gewinne einem guten Zweck: Sie ermöglichte verarmten Fischern in ihren geliebten West Highlands den Kauf der so dringend benötigten hochseetauglichen Schiffe.

Ein Jahr später brach Isabella, erneut auf ärztlichen Rat, ein zweites Mal nach Amerika auf, diesmal blieb sie fast zwölf statt der ursprünglich geplanten sechs Monate. Sie besuchte viele ihrer Lieblingsorte noch einmal, nahm aber auch an einer Sitzung des Kongresses in Washington teil und trotzte der kanadischen Wildnis bis hoch zur Hudson Bay im Norden. In Neuengland verbrachte sie einige Abende mit Longfellow, Emerson und Thoreau, und in Virginia ließ sie sich bei einem Gottesdienst afrikanischer Baptisten von den schlichten, aber inbrünstigen Gebeten zu Tränen rühren.

Unglücklicherweise starb ihr Vater, kurz nachdem sie nach Hause zurückgekehrt war. Sein Tod brachte tiefe Trauer über die Familie. In den folgenden 14 Jahren war Isabella fast ausschließlich mit karitativen und häuslichen Belangen beschäftigt. Zwar konnte sie Anfang 1866 noch einmal nach Kanada zurückkehren, um ein ihr besonders am Herzen liegendes Wohltätigkeitsprojekt zu beaufsichtigen, doch noch im selben Jahr sah sie sich, als ihre angebetete Mutter starb, erneut mit einem Verlust konfrontiert. 1870 verschlechterte sich ihr Gesundheitszustand so sehr, dass eine stählerne Vorrichtung konstruiert wurde, die ihren Kopf stützte, indem sie Druck von ihrer Wirbelsäule nahm, und sie ans Bett fesselte. Bei einer zwei Jahre später unternommenen Reise nach New York fühlte sie sich schon bei ihrer Ankunft so krank, dass sie nicht einmal in der Lage war, die Empfehlungsschreiben, die man ihr mitgegeben hatte, zu nutzen und Kontakte zu Verlagshäusern anzuknüpfen. Enttäuscht, dass die gewohnte Kur diesmal nicht angeschlagen hatte, kehrte sie nach Hause zurück.

1872 hatte Isabella Bird mit ihren wiederholten Reisen nach Nordamerika bereits Abertausende von Meilen zurückgelegt. Angesichts ihrer jüngsten Krankheitsgeschichte und etlicher persönlicher Rückschläge hätte sich wohl kaum jemand vorzustellen vermocht, dass dieses altjüngferliche Fräulein den wesentlichen Teil ihres Vagabundenlebens – und den daraus resultierenden weltweiten Ruhm – noch vor sich hatte.

Der Trennungsschmerz, den Isabella empfand, als sie, wieder auf ärztliche Anweisung, aufbrach und sich von ihrer Schwester Hennie verabschiedete, fiel diesmal besonders heftig aus, was vor allem daran lag, dass die beiden Schwestern plötzlich allein standen. Tiefe Traurigkeit umwölkte ihr Gemüt während der ersten Wochen auf dem Schiff. Selbst als sie den australischen Busch und neuseeländische Siedlungen durchstreifte, hellte sich ihre Stimmung niemals wirklich auf. Dennoch brach sie am 1. Januar 1873 auf, nachdem sie ein halbes Jahr mit der Erforschung der Antipoden zugebracht hatte, als Auftakt zu einer sorgfältig geplanten Seereise nach San Francisco und zu den Sandwich-Inseln, wie das heutige Hawaii damals genannt wurde.

Ihre Überfahrt an Bord eines abgetakelten alten Kahns namens *Nevada* war schwierig, und doch hatten die Unannehmlichkeiten der Reise eine belebende Wirkung auf sie. Ein heftiger, zwölfstündiger Seesturm, der das Schiff fast zum Kentern brachte, entlockte ihr lediglich einen Treueschwur gegenüber Neptun. (Freunde verliehen Isabella wegen ihrer Leidenschaft für heulende Winde und Regen sinngemäß den Spitznamen „Sturmschwalbe“.)

„Schließlich habe ich mich verliebt“, schrieb sie, „und der alte Meeresgott hat mir das Herz gestohlen und meine Seele durchdrungen, sodass ich ernsthaft glaube, dass ich hernach, obwohl mein Leib fern von ihm sein muss, im Geiste mit ihm vereint bin! Meine beiden Freunde an Bord dieses Schiffes versicherten mir schon mehrere Male, ich hätte den Geist des Meeres in mich aufgenommen. Es kommt mir vor, als lebte ich in einer neuen Welt, so frei, so frisch, so lebendig, so sorglos, so ungebunden, so voller Reiz, dass man sich nur widerwillig dem Schlaf überlässt; und anstatt mit Kummer und Sorgen und Gedanken über das Morgen zu Bett zu gehen, welche einen wach halten, schlummert man sofort ein, um am nächsten Tag zu erwachen, einem Tag, von dem man weiß, dass er keinerlei Ärgernis bereithält – keine Türglocke, kein ‚bitte, gnädige Frau', keinen Schmutz, keine Rechnungen, keine Forderungen gleich welcher Art, keine vergeblichen Versuche, all das auf sich zu nehmen, was man auf sich nehmen zu sollen glaubt."

Und die wunderschönen, mit Vulkanen übersäten und üppig grünenden Inseln, die sie hoch zu Ross sieben Monate lang begeistert erkundete, bevor sie wieder aufbrach, ließen sie in Verzückung geraten. „Lebe wohl auf immer, mein leuchtender tropischer Traum!", schrieb sie, nachdem sie sogar einen Augenblick lang mit dem Gedanken gespielt hatte, ihre in der Heimat verwurzelte Schwester zu verpflanzen und sich mit ihr dort niederzulassen.

Nachdem sie ihr nächstes Ziel, San Francisco, erreicht hatte und das Sierra-Gebirge per Eisenbahn überquerte, war Isabella mehr und mehr besessen von der Idee, Estes Park in Colorado zu besuchen, ein Tal in den Rocky Mountains, von dem es hieß, es böte einzigartige, atemberaubende Aussichten. Zwar verirrte sie sich zunächst mit dem glücklosen ersten Führer, den sie engagiert hatte, doch schließlich ritt sie triumphierend in Muggins Gulch ein, wo der Eingang des Parks lag. Sie hegte die Hoffnung, neben den Naturwundern auch einen Blick auf einen berühmten Bewohner zu erhaschen: den irischkanadischen Trapper und Indianer-Scout „Mountain Jim" Nugent, der bereits zu einer legendären Figur des rauen und gewalttätigen Westens geworden war.

Es sollte eine folgenschwere Begegnung werden. Denn als Isabella und ihre Begleiter sich Jims lehmgedeckter Hütte näherten, erschien er plötzlich in der Tür, bewaffnet mit einem Revolver und einem Jagdmesser. In ihrem ersten Entsetzen hatte sie den Eindruck, dass ihm „das Wort ‚Desperado' in Großbuchstaben auf den Leib geschrieben stand".

Obwohl er nur noch ein Auge hatte (das andere war einem schlimmen Kampf mit einem Grizzly zum Opfer gefallen) und offensichtlich in Lumpen gekleidet war, begrüßte er die Neuankömmlinge höflich und mit kultiviertem Akzent und erwies Isabella als einer „Lady" seine Ehrerbietung.

Allmählich wurde sie nachsichtiger und lernte, die vielen Widersprüche in seinem „rüpelhaften" Charakter zu akzeptieren, und während sie zusammen ritten, kletterten und campten, wurde sie seine engste Vertraute. Von ihren eigenen Reaktionen überrascht, bekämpfte sie die Anziehungskraft, die er auf sie aus-

Nach einem mörderischen 46-Tage-Treck auf einem Maultier von Bagdad aus lässt Isa

übte, nur um ihre tiefer werdenden Gefühle dann als „unerhörte Eitelkeit, undenkbar bei einer Frau von vierzig Jahren" abzutun.

Die Zeit, in der sie Jim Nugents „luftig-verwegenes Gebirgsleben" teilte, stellt vielleicht die berüchtigtste Episode in Isabellas Reiseleben dar; und ihr packend geschriebenes Buch *A Lady's Life in the Rocky Mountains* (1879) ist eines ihrer besten und populärsten. Obwohl Jim ein Mann war, „den jede Frau lieben könnte", war ihr gleichzeitig klar, dass ihn „keine Frau, die bei Verstand ist, heiraten würde". Noch bevor er sie in die abfahrende Postkutsche gesetzt hatte, sah sie sich genötigt zu erklären:

LIBRARY OF CONGRESS

d Bishop (rechts im Bild) sich im westlichen Persien vor ihrem Zelt stehend fotografieren.

„Zwischen uns kann es nur schickliche Zurückhaltung geben". Als Jim im Jahr darauf von einem Gegner im Streit erschossen wurde, vernahm Isabella, die sich Tausende von Kilometern entfernt in der Schweiz aufhielt, diese Nachricht mit Bedauern.

Wieder zurück in Schottland, wo sie und Hennie sich sowohl in Edinburgh als auch auf der Isle of Mull häuslich niedergelassen hatten, musste sie einen Bewunderer von ganz anderem Schlag in Schach halten: den außerordentlich zuverlässigen, hoch anständigen Dr. John Bishop (ihm gegenüber brachte sie jedoch die Entschuldigung vor, sie wünsche keine „gebrechliche Ehefrau" zu sein). Isabella floh nach Japan – 1878 ein wirklich exotisches Ziel, insbesondere für eine allein reisende Engländerin –, sie wanderte, angetan mit einem Reitkostüm aus Tweed und einem schalenförmigen Bambushut, durchs Land, und wenn sie ritt, hatte sie nichts als Verachtung für ihre ungeliebten japanischen Reittiere übrig. Hongkong, die malaiische Halbinsel und Ägypten rundeten diese Reise ab, aus der zwei Erinnerungsbücher hervorgingen, *Unbeaten Tracks in Japan* (1880; dt.: *Unbetretene Pfade in Japan*, 1882) und *The Golden Chersonese* (1883; dt.: *Der goldene Chersones*, 1884).

Auf der Heimreise wurde Isabella krank. Kaum war sie in Edinburgh wieder zu Kräften gekommen, erhielt sie einen Brief von Hennie, die sie bat, nach Mull zu kommen, da es ihr gesundheitlich nicht gut gehe. Sofort brach Isabella zu dem Cottage auf, das die beiden Schwestern häufig gemeinsam bewohnten, doch als sie ankam, empfing die Wirtschafterin sie mit den Worten: „Ich kann nichts mehr für Ihre Schwester tun. Sie hat Typhus. Ich habe nach Dr. Bishop schicken lassen."

Unter Dr. Bishops Anleitung pflegte Isabella ihre Schwester fünf Wochen lang. Erst als Hennie starb, machte die trauernde Hinterbliebene eine Kehrtwende: Sie heiratete Dr. Bishop und hörte ab sofort auf zu reisen. Es genügte ihr, eine allseits wohl gelittene und fleißige Arzthelferin zu sein.

Nachdem John Bishop, der zehn Jahre jünger war als seine Frau, einen an Wundrose erkrankten Seemann behandelt und sich angesteckt hatte, verschlechterte sich sein Gesundheitszustand zusehends. Er starb 1886. Auch der bekannte Chirurg Joseph Lister, der eine seiner ersten Bluttransfusionen an ihm erprobte, hatte ihm nicht mehr helfen können.

Während sie trauerte, stürzte Isabella sich – bevor sie nach Zentralasien aufbrach – in Arbeit: Sie hielt Vorträge über Alkoholabstinenz, übernahm Organisationsaufgaben für die *Young Women's Christian Association*, teilte Suppe an Kranke und Bedürftige aus und gab schottischen Kindern Französischunterricht. Sie belegte außerdem einen anstrengenden Krankenpflegekurs an einem Londoner Krankenhaus, da Schottland inzwischen zu viele kummervolle Assoziationen in ihr weckte. Über die letzte Lebensphase ihres Gatten schrieb sie: „Seine lange und aufreibende Krankheit machte ihn zum Mittelpunkt all meiner Gedanken. Ich habe für ihn gelebt …Fortan muss ich mein eigenes Leben leben."

Während der folgenden zwölf Jahre gönnte sich Isabella Bird Bishop kaum einmal Ruhe. Von Indien nahm sie mehr oder weniger Abstand, nachdem sie von Pakistan bis Ladakh gereist war. Die buddhistisch geprägte Gesellschaft in den entlegeneren Winkeln von Ladakh, die sie erst nach einer fürchterlichen 26-tägigen Reise über zerklüftete Gebirgspässe erreichen konnte, war ihr sympathischer als die Bevölkerung im kolonialisierten Indien, die künstlich „zivilisiert" auf sie wirkte.

Nachdem sie von tibetischen Nomaden gelernt hatte, auf einem Yak zu reiten, war sie nun auf dem Rücken eines Maultiers 46 frostig-kalte Tage lang von Bagdad nach Teheran unterwegs und erfüllte sich ihren Wunsch, Persien (den heutigen Iran) zu sehen. Im Laufe dieser albtraumhaften Tortur verlor Isabella zehn Kilo Gewicht. Verglichen damit war die nächste Unternehmung, ein 1700-Kilometer-Trip durch Kurdistan mit einer schwerfälligen Karawane, die überdies von Straßenräubern und Unwettern drangsaliert wurde, praktisch ein Kinderspiel.

1891 veröffentlichte Isabella das Buch *Journeys in Persia and Kurdistan*, und im Jahr darauf wurde sie als die erste Frau überhaupt eingeladen, bei einer Zusammenkunft der Royal Geographical Society in London eine Ansprache zu halten. Diese Ehre bedeutete jedoch keineswegs die Krönung ihrer Karriere, allenfalls eine Art Zwischenstation. 1894 brach sie nach Korea und China auf. Das Reiten hatte sie mittlerweile aufgegeben, sie reiste jetzt in einer aus Bambus gefertigten Sänfte, die auf vier Meter langen Stangen befestigt war und von drei Männern getragen wurde – eine kleine Konzession an ihr fortgeschrittenes Alter und ihre chronischen Rückenschmerzen.

Dieses Transportmittel taugte jedoch nicht für die gesamten knapp 13 000 Kilometer, die bei dieser Reise zusammenkamen; ein Achtel der Strecke legte sie auf einem Flussschiff den Jangtse stromaufwärts zurück. Außerdem war sie inzwischen geübt in der neuen Kunst des Fotografierens und machte von Deck aus zahlreiche Aufnahmen, um ihr Buch *The Yangtze Valley and Beyond* (1900) damit zu illustrieren.

Isabellas letztes Reiseabenteuer führte sie 1901 nach Nordafrika. Dort durchquerte diese unbeugsame 70-jährige hoch zu Ross mit einem Begleiter das Atlasgebirge, wobei sie zwei Pferde zuschanden ritt und ein Lastenmuli in einen Abgrund stürzte. Einem Briefpartner schrieb sie: „Sie würden Ihre gebrechliche Freundin nicht wiedererkennen: auf dem Rücken eines herrlichen Pferdes sitzend, in weit geschnittenen blauen Hosen und einem kurzen weiten Rock, mit großen Messingsporen, die dem Generalissimo der maurischen Armee gehören, und unterwegs in Gegenden, wo ein ins Rollen geratener Stein oder ein Fehltritt das Verderben bedeuten können." Und obwohl ihr Königshäuser nicht fremd waren – sie war von Königin Viktoria ebenso empfangen worden wie vom koreanischen Herrscherpaar –, empfand sie unbändigen Stolz darüber, sich

„die einzige europäische Frau, die jemals den Kaiser von Marokko gesehen hat!“, nennen zu können.

Auf der Rückreise nach Tanger entkam sie nur knapp einer Bande bewaffneter Reiter, die ihrer Reisegesellschaft eine heiße Verfolgungsjagd bis vor die Stadtgrenzen lieferte. Doch diese Überanstrengung hatte Isabellas Kräfte gänzlich erschöpft. Als sie wieder englischen Boden betrat, war ihre Gesundheit dermaßen zerrüttet, dass keine Aussicht auf Wiederherstellung bestand – das zeigte sich insbesondere darin, dass sie keinen Geschmack mehr am Essen fand (ihrem Ehemann zufolge hatte sie immer über „den Appetit eines Tigers und den Magen eines Pferdes“ verfügt.) Täglich sandten ihr wohlmeinende Anhänger aus ganz England Delikatessen zu, um ihren Appetit anzuregen. Doch nun, wo sie in einer Mietwohnung in Edinburgh liebevoll gepflegt wurde, ließen ihre Kräfte stetig nach, und sie spürte es.

Freunden in China schrieb sie von den Koffern, die schon in London auf sie warteten, gepackt für die geplante Reise mit der Transsibirischen Eisenbahn, die sie, das war ihr bewusst, nun nicht mehr würde antreten können. „Ich hatte mein Herz so daran gehängt, und als ich London verließ, ließ ich mein Gepäck zurück, fertig gepackt für Peking. …Dann kam ich hierher, und nun halte ich es für mehr als wahrscheinlich, dass das Ziel meiner nächsten Reise das Familiengrab auf dem Dean-Friedhof sein wird.“

Isabella Bird Bishop starb fast elf Monate später. Die eine Hälfte einer stimmigen Grabinschrift könnte man in folgender Äußerung ihrer Freundin Anna Stoddart finden: „Das Leben im Zelt hat ihr immer gefallen, und trotz mancher Ängste genoss sie das vollkommen Neue ihrer Erfahrungen. Hätte sie keine Ängste und Schwierigkeiten erlebt, hätte sie ihr Unternehmen vermutlich als Fehlschlag betrachtet.“

Die andere Hälfte könnte der Nachhall ihrer letzten Worte sein: „Oh, was für einen Aufschrei wird das geben!“ ■

„Ich fand mich in der afghanischen Botschaft ein…, nur um dort zu erfahren, dass sie …einer Frau, die vorhatte, allein durch Afghanistan zu radeln…, unter gar keinen Umständen ein Visum ausstellen würden. Sechs Jahre zuvor war offenbar eine allein reisende Schwedin mit einem Messer zerstückelt worden, und seitdem war Frauen das Reisen ohne Begleitung verboten …Es scheint, als müsste ich mich geschlagen geben …Nichtsdestotrotz habe ich ein paar Pläne, die morgen ausprobiert werden müssen."

DERVLA MURPHY

*1931

MAN SCHRIEB DAS JAHR 1963. Dervla Murphy war gerade dabei, sich einen lang gehegten Traum zu erfüllen – auf eigene Faust durch Europa nach Indien zu radeln. Noch war sie nicht jene legendäre Persönlichkeit, die sie einmal werden sollte, sondern genau das, was sie zu sein schien: eine kräftige, entschlossene, der Weltöffentlichkeit unbekannte 31-jährige Irin, die sich verbissen durch glühend heiße Wüsten kämpfte und über Bergpfade quälte. In mehr als 1600 Kilometer Entfernung von zu Hause befand sie sich mitten in einer abenteuerlichen, ganz persönlichen Odyssee, die ihr fast ihr Leben lang im Kopf herumgespukt war und die sie vollkommen selbstständig vorbereitet hatte.

Als sie von ihrem Ausgangspunkt, dem irischen Lismore im County Waterford, weiter und weiter Richtung Osten radelte, verlangte die Straße, der sie folgte, ihre ganze Aufmerksamkeit.

Sie saß auf der treuen Roz oder, ausgeschrieben, Rozinante, ihrem Armstrong-Cadet-Männerfahrrad, das sie leichthin auf diesen Spitznamen getauft hatte. Während diese beiden Dinge gleich blieben, wechselten die täglich vor ihr liegenden Herausforderungen und Torturen ab: Sandstürme, Hagel, Sandfliegen, lauernde Schlangen und Skorpione, fremdenfeindliche Grenzposten und feindselige Provinzbürokraten. Außerdem gab es Diebe und Banditen und sogar den mit dem Gewehr herumfuchtelnden Gelegenheitsangreifer – und fortwährend diese mörderischen und zugleich belebenden Meilen. Das schildert sie so:

„Wäre ich von Dublin direkt nach Kabul geflogen und dort als Orient-Neuling mit weit aufgerissenen Augen gelandet, hätte es gut sein können, dass ich die feineren Züge der afghanischen Lebensweise und Kultur nicht zu würdigen gewusst hätte. So, wie die Dinge lagen, glichen die Straßen im Laufe der zwei Monate, die ich von Istanbul nach Mashhad radelte, immer weniger Straßen …wurden die Moslems immer islamischer, die hygienischen Verhältnisse immer alarmierender …und die Nahrungsmittel schmutziger. Als ich die afghanische Grenze erreichte, kam es mir ziemlich natürlich vor, vor dem Essen getrockneten Dreck vom Brot zu schaben, die Haare vom Käse zu klauben und die Insekten aus dem Zucker zu entfernen. Auch hatte ich aufgehört, die Anwesenheit von Fliegen, die Abwesenheit von Besteck und die Tatsache, dass ich seit zehn Tagen weder meine Kleider gewechselt noch in einem Bett geschlafen hatte, wahrzunehmen."

Den Anstoß zu dieser Reise hatte sie an ihrem zehnten Geburtstag bekommen. Irgendwie hatten sich damals in ihrer Fantasie das Fahrrad, ein Geschenk ihrer Eltern (das erste, das sie je besaß), und die fernen Länder in dem Atlas, den ihr Großvater ihr geschickt hatte, verknüpft.

Während sie die vertrauten Straßen ihrer Kindheit im Blackwater Valley hinabsauste, begriff sie: „Wenn ich lange genug weiter[radeln] würde, könnte ich Indien erreichen." Doch trotz ihrer Begeisterung behielt Dervla ihre neue Erkenntnis und das darin enthaltene Versprechen instinktiv für sich. Als Einzelkind war ihr das Vergnügen, für sich allein zu träumen, nicht fremd. Das, was sie eines Tages zu tun beabsichtigte, schien ihr keineswegs außergewöhnlich, sondern vielmehr vollkommen logisch. „Damals wie heute dachte ich", erklärte sie immer wieder geduldig, „dass es nahe liegt, das Fahrrad zu nehmen, wenn jemand gern Fahrrad fährt und nach Indien reisen möchte."

Zwei Jahrzehnte später, als sie gerade im Begriff war, sich im Sattel von Roz von Dünkirchen ins Unbekannte – Richtung Neu-Delhi – zu stürzen, versetzte sie die vereiste Landschaft Frankreichs um sie herum in Schrecken. So grimmig die winterlichen Straßen waren – die Temperaturen waren noch mörderischer. Dervla war jedoch in einem Haushalt aufgewachsen, in dem ein ständiger Kampf um das Auskommen geherrscht hatte, deshalb erschienen ihr Hindernisse dieser Art nicht der Rede wert. Physisches Elend war ihr nicht fremd, und so hätte es etwas weniger Trivialem als schlechten Wetters bedurft, sie zu demoralisieren. Nachdem sie in ihrer Jugendzeit die Bedürfnisse ihrer Eltern über ihre eigenen gestellt und sich mehr und mehr eingesperrt gefühlt hatte, war sie nach deren Tod plötzlich frei, zu tun und zu lassen, was sie wollte.

Tatsächlich empfand sie ihre neue Freiheit als so köstlich, dass für sie der Umstand, „nach so vielen Jahren der Frustration meiner Wanderlust ungehemmt frönen zu können, alles war, was zählte".

Und so ließ sie sich von der eisigen Luft nicht abschrecken, trotz der Tränen, die sie über die in der Kälte unerträglich schmerzenden Finger vergoss. Schließlich war sie unterwegs mehr als bereit, das Unvorhersehbare einfach zu akzeptieren und die damit einhergehenden Unbequemlichkeiten als Bestandteil der seelischen Begleitumstände in Kauf zu nehmen.

„Wenn du etwas anfängst, dann richtig", ist eine geläufige Maxime, die Dervla Murphy, ob bewusst oder unbewusst, zu ihrer eigenen machte. So basierten alle weiteren Reisen, die sie während der nächsten 35 Jahre unternahm – durch Afrika südlich der Sahara, die Karpaten, die peruanischen Anden, das Innere Madagaskars oder zu jeder Menge anderer exotischer Ziele – auf den Prinzipien Einfachheit und Vorbereitung, die auf dieser sechsmonatigen „Jungfernfahrt" Gestalt annahmen.

In ihrem Buch über diese erste Reise, *Full Tilt: Ireland to India With a Bicycle*, schrieb sie: „Je weiter man reist, desto weniger braucht man, und ich [sah] keinen Sinn darin, mich mit Unwichtigem zu belasten, während ich mich rund um den Himalaja austobte."

Unter den Habseligkeiten, die sie mit sich führte, waren eine einzige, unvollständige Garnitur Wäsche zum Wechseln (einschließlich langer Wollunterhosen), ein Paar pelzgefütterter Lederhandschuhe und ein wollener Kopfschutz, der das Gesicht bedeckte, 100 Tabletten zur Trinkwasser-Desinfektion, drei Tuben Insektenschutzmittel und sechs Tuben Sonnencreme, eine größere Menge Malariatabletten, ein Jagdmesser, eine Thermoskanne und wichtige Ersatzteile für Roz.

Auch eine Ausgabe der Gedichte William Blakes erachtete sie als „lebenswichtig". Einen Kilometerzähler hatte sie nicht dabei, da, wie sie sagte, „Apparate zur Messung von zurückgelegten Fahrtstrecken" auf Straßen, die kaum diesen Namen verdienen, von geringem Nutzen sind.

Zu dieser originellen Ausrüstung gehörte ebenfalls eine 25er Automatik, die in ihrer Hosentasche steckte – ein Gegen-

Tibetische Flüchtlingskinder schauen in einem indischen Lager zu, wie Dervla Murphy 1963 mit ihrem ersten „Reittier" namens „Roz" posiert, dem Fahrrad, das sie nach Rosinante, der berühmten Mähre von Cervantes' herumziehendem Helden Don Quichotte, getauft hatte (Foto rechts).

COURTESY, DERVLA MURPHY

stand, dessen Nutzen sich schon bald unter Beweis stellte. Als sie daheim in Irland dabei gewesen war, ihre sieben Sachen zu packen, hatte Dervla beschlossen, das Gespött von Freunden zu ignorieren, die im Erwerb dieser Pistole „nichts anderes als den melodramatischen Einfall einer Heranwachsenden“ gesehen hatten. Allerdings weilten diese Spötter zu Hause in Sicherheit, als die vorausschauende Dervla in einem dunklen jugoslawischen Wald auf hungrige Wölfe traf!

Dieser furchtbare Angriff ereignete sich aus heiterem Himmel und schlug nur deshalb fehl, weil Dervla sich auf ihren Instinkt verließ („reine Panik“, sagt sie) und es schaffte, in Windeseile ihre Waffe herauszuziehen und zwei der drei Bestien aus nächster Nähe zu erschießen. Sarkastisch bemerkt sie, sie habe „immer gedacht, dass der Gedanke, von Wölfen verschlungen zu werden, nicht einer gewissen Komik entbehrt“. Weniger amüsant war allerdings die Tatsache, dass eines der Tiere sich vor seinem vorzeitigen Dahinscheiden in ihre Schulter verbissen hatte, während das andere höchst unerfreulicherweise seine Zähne in ihren Fußknöchel geschlagen hatte.

Tatsächlich sollte Dervla sich bald darauf erneut genötigt sehen, zur Waffe zu greifen – allerdings vertrieb sie diesmal einen Wolf ganz anderer Art.

In einer billigen Pension in Aserbaidschan, berichtet sie, „stellte ich beim Aufwachen fest, dass mir mein Bettzeug gestohlen worden war und ein 1,80 Meter großer, spärlich bekleideter Kurde sich im Mondlicht über mich beugte. Meine Pistole lag neben dem Kopfkissen, und ein Schuss an die Decke entschied die Angelegenheit. Später hatte ich das Gefühl, dass mein Verehrer seine Sache ziemlich miserabel gemacht hatte; ein etwas feurigerer Bewunderer von seiner Statur hätte mich vermutlich ohne große Probleme entwaffnen können.“

Bevor Dervla Murphy zum ersten Mal ins Ausland aufbrach, hing sie sehr an der Gegend, in der sie aufgewachsen war. „Man reagiert grundverschieden auf vertraute und unvertraute Landschaften. Die unvergleichliche Erhabenheit des Himalaja erfüllt mich mit einer Mischung aus Begeisterung und Bescheidenheit. Doch die Schönheit des Blackwater Valley ist so sehr ein Teil von mir, dass sie einen absurden Stolz in mir wachruft – fast, als hätte ich einen Anteil an ihrer Entstehung statt umgekehrt."

Dervlas Vater war als Bibliothekar für das County Lismore zuständig gewesen, und dementsprechend hatte sich ihre Kindheit zu einer Welt voller Bücher entwickelt. Die Familie lebte vom bescheidenen Gehalt des Vaters in einer von Dervla als baufällig bezeichneten Doppelhaushälfte, die kaum durch ihre Lage in der „renommiertesten Straße" der Stadt aufgewertet wurde.

In ihrem Buch *Wheels Within Weels* (1979) ließ Dervla die Aura dieses ärmlichen und heruntergekommenen Haushalts lebendig werden. Seit ihrem dritten Lebensjahr war ihre Mutter infolge ihrer rheumatischen Arthritis ein „vollständiger Krüppel und nicht einmal in der Lage, vom Wohnzimmer die Treppe zur Toilette hinunterzusteigen oder sich selbst zu waschen und anzuziehen". Über den Zusammenhang zwischen dieser Tragödie und dem unwiderstehlichen Drang ihrer Tochter, die heikleren Gebiete der Erde zu erkunden und sich dabei fast gänzlich auf die Kraft der eigenen Beine zu verlassen, lässt sich nur spekulieren. Genauso wichtig ist indes die Tatsache, dass Dervla bereits im zarten Alter das – von ihren Eltern unterstützte – Bedürfnis zeigte, Bücher nicht nur zu lesen, sondern auch zu schreiben.

Schon früh begann sie, ihrer Mutter und ihrem Vater zu Weihnachten und zum Geburtstag selbst verfasste Geschichten zu schenken. Den Inhalt einer dieser Schreibversuche fasst sie so zusammen:

„In ungefähr dreitausend falsch geschriebenen Wörtern schildert er [der Text] die Abenteuer von zwei Jungen in einem Dschungel, der – urteilt man nach der Fauna – von Peru bis Sibirien reichte. Nachdem sie einen Säbelzahntiger mit bloßen Händen erdrosselt, das Baby eines Schäfers vor einem Kondor gerettet und eine Anakonda mit Hilfe eines Giftpfeils erlegt hatten, kehrten meine Helden über eine nicht näher beschriebene Route nach Irland zurück und lebten seither glücklich und zufrieden."

Dieses Elaborat einer Achtjährigen klingt sehr nach den Episoden, die für ihr späteres Leben charakteristisch waren.

Als Dervla sich über Lismore und das Blackwater Valley hinauswagte und begann, in der Welt herumzuziehen, führte sie in der altehrwürdigen Manier anderer Reiseschriftsteller Reisetagebuch und versandte Briefe, die später als ergänzende Informationen für ihre schriftlichen Berichte herangezogen werden sollten. Sie trug ihr Tagebuch in einem speziellen Beutel, der um ihren Nacken geschlungen war, mit sich („Ich legte ihn niemals ab") und gewöhnte sich an, den Durchschlag bei sich zu behalten und das Original an Freunde zu schicken.

1964, nachdem sie aus Indien nach Irland zurückgekehrt war, hatte sie Grund zu feiern, als John Murrays angesehener Londoner Verlag– der ein Jahrhundert zuvor Isabella Bird Bishop eine literarische Heimat gegeben hatte – zustimmte, Dervla als Autorin zu engagieren. Die Euphorie über ihren Besuch in den Verlagsräumen brachte sie so durcheinander, dass sie, die bei ihrer Radtour nach Indien alle Gefahren überlebt hatte, um ein Haar von einem Bus überfahren worden wäre!

Obgleich ihre Reisen offenbar in jeder Hinsicht mühselig waren, machen ihr wohltuender Gleichmut, ihr Sinn für Ironie und ihre lebhafte Neigung, immerfort „Was soll die ganze Aufregung?" zu fragen, die Lektüre der Berichte darüber zu einem unwiderstehlichen, unterhaltsamen Vergnügen, das man im Lehnstuhl genießen kann. Je ungeheuerlicher eine Episode, desto größer der Unterhaltungswert, und Dervlas trockene Art der Schilderung macht einen auf angenehme Weise süchtig – ob sie beschreibt, wie sie von heimtückischen Affen in Pakistan in die Irre geführt wurde, wie sie in Peru beim Sprung über einen Erdspalt in einem stachligen Kaktus landete, wie sie versuchte, einen lädierten madagassischen Kleinbus wieder in die Gänge zu bringen, oder ob sie darstellt, wie sie in einer dünn besiedelten Gegend von Kamerun verzweifelt nach einem verloren gegangenen Packpferd suchte.

Und so geradlinig, wie Dervla ihr Leben als einsame Wandererin geplant hatte, so umweglos schlitterte sie auch 1973 mit einer, wie es scheint, wundervollen Gelassenheit in ihre neue Rolle als allein erziehende Globetrotterin hinein. Ihre Tochter Rachel, die 1968 geboren worden war, sei nun alt genug, entschied Dervla, um mit ihrer umherziehenden Mutter die anregenden Eindrücke einer Reise über Europas Grenzen hinaus zu teilen. Nach einer langen Debatte darüber, welches Ziel das beste sei, setzte sich Indien, ein Land, das Dervla bereits kannte, gegenüber Mexiko durch. Sie erläuterte ihre Wahl: „Wenn Reisen mehr sein soll als eine Erholungspause oder eine faszinierende Beschäftigung, müssen das Interesse, die Begeisterung und die Neugier des Reisenden durch die emotionale Überzeugung bekräftigt werden, dass zum jeweils gegenwärtigen Zeitpunkt nur ein einziger Ort einen Besuch wert ist."

Erst zehn Jahre zuvor hatte Dervla mit einem Fahrrad „im Schlepptau" den Ärmelkanal auf einer Fähre überquert; diesmal jedoch ging sie mit einer jungen Begleiterin von Heathrow aus auf Reisen. Als das Flugzeug sich in die Lüfte erhob, begriff sie, dass sie sich nun voll und ganz auf eine anders geartete Herausforderung konzentrieren musste: Sie hatte die Verantwortung für die Aufsicht über Rachels „Lehrjahre als ernsthafte Reisende" übernommen.

Wie *Unter der Sonne von Coorg* (Originalausgabe 1977; dt. Ausgabe 1994) berichtet, sollten die vier Monate, die sie gemeinsam in Indien verbrachten, sich als Auftakt zu einer wunderbar harmonischen, gelegentlich spaßigen und immer liebevollen Partnerschaft erweisen. Das Buch ermöglichte Dervlas

Leserinnen und Lesern, ihrer Tochter, deren erster Minirucksack „Schätze" wie ein heiß geliebtes ausgestopftes Eichhörnchen und Buntstifte enthielt, beim Heranwachsen zuzuschauen.

„Bei der Reise nach Coorg ging es darum, Rachels Reisefähigkeit zu testen", erklärte Dervla. „Sie kam so gut klar, dass ich ein Jahr später entschied, sie könne es mit meiner liebsten Art zu reisen aufnehmen. So begannen wir ein paar Tage nach ihrem sechsten Geburtstag unsere Reise nach Baltistan – eine der härtesten, die ich je machte. Rachel ritt ein ‚pensioniertes' Polopony, und ich ging zu Fuß. Nachts sank die Temperatur auf 4,5 Grad Celsius, und drei Monate lang zogen wir unsere Kleider niemals aus. Die Nahrung war knapp, und wir ernährten uns hauptsächlich von indischem *Nan*-Brot – das ich auf einem tragbaren Kerosinöfchen kochte – und getrockneten Aprikosen. Seit diesen Tagen kann Rachel keine Aprikosen mehr sehen."

Nach dieser Tour durch den Karakorum entlang der pakistanischen Grenze 1974 (die auch Fanny Bullock Workman unternommen hatte) wagten sie sich, als Rachel zehn war, in die peruanischen Anden. *Eight Feet in the Andes* (1983) war das Ergebnis dieses südamerikanischen Abenteuers, und das diesmal bevorzugte Hauptnahrungsmittel, Sardinen, veranlasste Rachel, diesen ebenfalls abzuschwören.

Bei der in *Muddling Through Madagascar* verewigten Reise war Rachel 14. Als sie in *Cameroon with Egbert* (1989) umherzogen – bei Egbert handelte es sich um einen Fulani-Zuchthengst – war sie eine junge Frau von 18. In *South from the Limpopo: Travels Through South Africa* (1997) arbeitete Rachel Murphy bereits selbstständig in Mosambik – und sah sich genötigt, ihre Mutter ins Land zu schmuggeln, als die örtliche Bürokratie die Ausstellung eines ordnungsgemäßen Visums verzögerte.

„Macht nichts", sagte ihre Tochter laut Dervla in der für ihre Familie typischen Art und Weise, als sie erfuhr, dass ihre

Mutter unerwarteterweise aufgehalten worden war. „Es gibt einen Schmugglerpfad über die Grenze im Gebirge. Wenn du dich vor dem Morgengrauen über diesen Pfad schleichst, gabeln wir dich auf der anderen Seite auf. Aber denk an die Landminen, verlass den Pfad niemals. Wenn du pinkeln musst, pinkle auf den Pfad."

Dervla Murphy, die immer noch reist und kürzlich aus Serbien zurückgekehrt ist (was sie kurz und bündig als „ziemlich traurig" beschreibt), ist inzwischen dreifache Großmutter. Als Mensch, der sich lange Zeit öffentlich zu seinem Bedürfnis nach Einsamkeit bekannt hat, ist sie auch eine Frau, die aus Erfahrung weiß, dass „kleine Kinder Brücken bauen, nicht Grenzen ziehen". Man kann sich denken, dass es nicht mehr lange dauern wird, bis eines von Rachels Kindern, voller Aufregung und mit einem kleinen Rucksack bepackt, bereit sein wird, Dervla und dem Lockruf der Straße zu folgen. ■

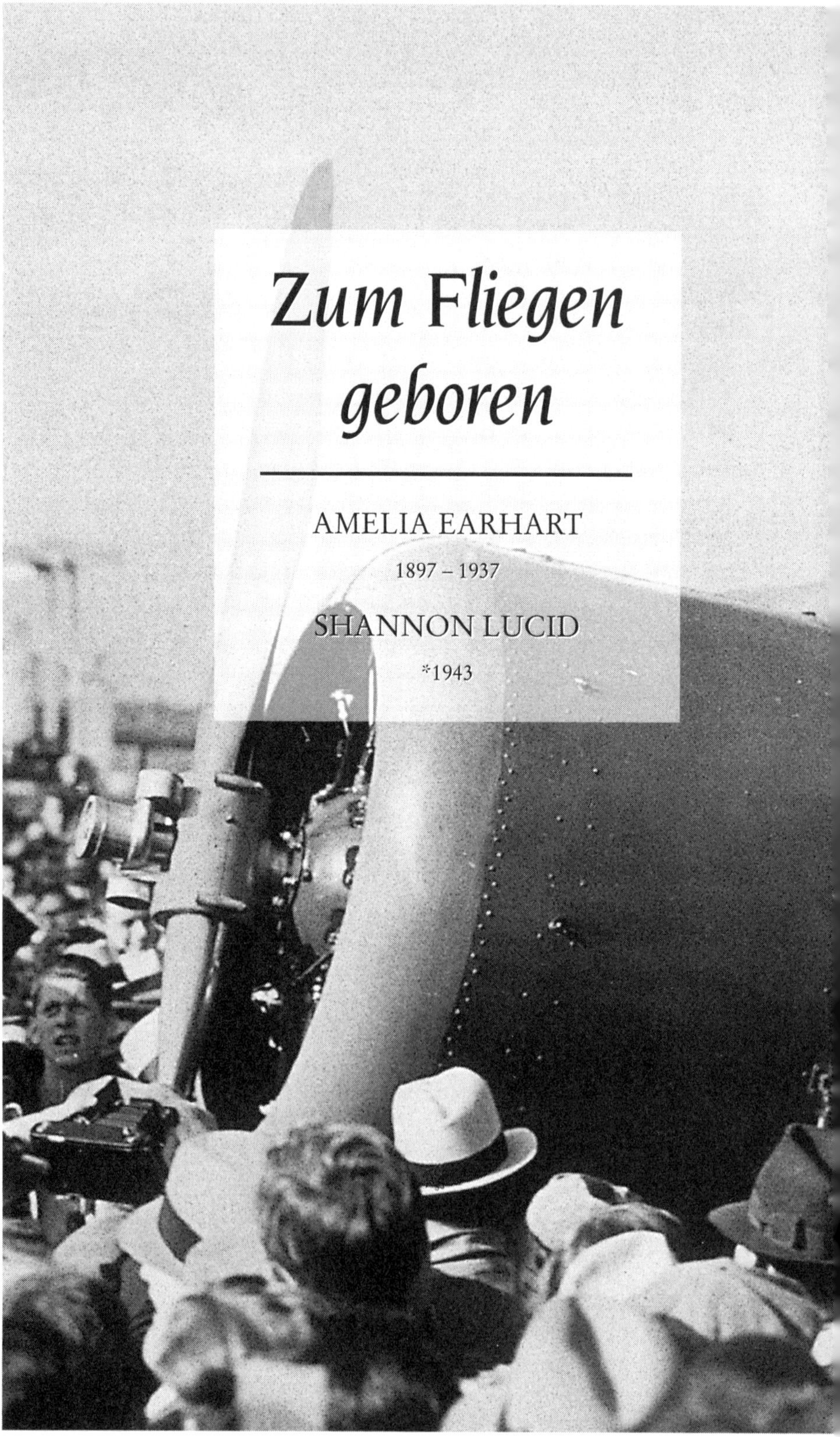

Zum Fliegen geboren

AMELIA EARHART

1897 – 1937

SHANNON LUCID

*1943

„Draußen vor meinem Cockpit-Fenster hingen Sterne zum Greifen nah. Nie zuvor habe ich so viele oder so große gesehen. Ich werde niemals vergessen, wie die weißen Wolken, das Mond- und Sternenlicht vom Schwarz der See abstachen …“

Vorhergehende Doppelseite: Die in Kansas geborene Amelia Earhart klettert nach ihrem Alleinflug über den Pazifik im Jahr 1935 vor Tausenden wartender Bewunderer aus dem Cockpit ihres Flugzeugs.

AP/WIDE WORD PHOTOS

AMELIA EARHART

1897 – 1937

Zu keinem Zeitpunkt des Fluges wurde eine Außentemperatur von unter 4,5 Grad Celsius angezeigt. Trotzdem hatte ich das Cockpit-Fenster ein wenig geöffnet, und der kalte Regen prasselte auf mich ein, bis ich gründlich durchgefroren war. Ich stellte mir vor, wie schön es wäre, eine Tasse heiße Schokolade zu trinken. Ich trank eine, und es war schön. Tatsächlich war es die interessanteste Tasse Schokolade, die ich jemals zu mir genommen habe, mutterseelenallein, 2400 Meter über dem Pazifischen Ozean."

Das Flugzeug, in dem Amelia Earhart in den Wolken zufrieden an ihrem Kakao nippte, während sie im Januar 1935 den Pazifik im Alleinflug überquerte, war eine einmotorige Lockheed-Vega. Fast drei Jahre zuvor, im Mai 1932, war es ihr – als erster Frau – gelungen, mit einem fast baugleichen Flugzeug allein über den Atlantik zu fliegen. Diesmal führte ihre Route von Hawaii nach Kalifornien, und sie war im Begriff, einen neuen Rekord aufzustellen.

Die kleine Lockheed-Vega war eine Maschine ganz nach ihrem Geschmack – „für so viele Flugstunden mein ‚himmlischer' Begleiter". Schon seine Bemalung, leuchtend rot mit goldenen Streifen, rief Entzücken in ihr hervor. „Mag sein, dass es auf dem Erdboden ein bisschen grell wirkte, aber ich bin sicher, dass es vor einer dieser weißen Wolken hübsch aussah", sollte sie später fast zärtlich sein verwegenes Aussehen heraufbeschwören.

Als sie 1935 durch die pazifische Nacht Richtung Osten flog, konnte diese knabenhaft attraktive Frau, deren Gesicht bereits weltbekannt war, als erfahrene Pilotin auf eine Flugpraxis von 15 Jahren verweisen. Berühmt geworden war sie sieben Jahre zuvor, als sich ihr die Chance geboten hatte, als erste Frau in einem Dreierteam an einem Transatlantikflug teilzunehmen.

Kaum war sie nach ihrer Rückkehr von dieser ersten Überquerung mit viel Tamtam, Paraden und Feiern quer durch Amerika empfangen worden, wurde sie von begeisterten Journalisten auch schon zur „Lady Lindy" ernannt. Selbstverständlich war dies ein Versuch, ihren Triumph – den sie selbst für überbewertet hielt, da sie sich vorher hatte verpflichten müssen, den Piloten und den Flugmechaniker sämtliche Arbeiten verrichten zu lassen – mit dem von Charles Lindbergh zu verknüpfen, dem legendären Transatlantik-Helden des vorausgehenden Jahres.

Amelia hatte die Führung ihrer allerersten Lockheed-Vega 1928 übernommen. Mit hoch gespannten Erwartungen sah sie einem Luftderby entgegen, das wie sie wusste, als erster Frauenflugwettbewerb in die Geschichte eingehen sollte. Obwohl aus dritter Hand erworben und ziemlich mitgenommen, erschien ihr ihre neue Errungenschaft wie ein „himmlischer Triumphwagen".

Vor dem Wettkampf entschloss sie sich jedoch zu einer Spritztour von New York nach Kalifornien, wo sie ihr Flugzeug als reine Vorsichtsmaßnahme von Experten der Lockheed-Fabrik „auf Herz und Nieren" prüfen lassen wollte. Sie hatte nicht erwartet, von ihnen zu hören, dass sie sich angesichts der abgenutzten oder fehlenden Flugzeugteile glücklich schätzen konnte, überhaupt heil an ihrem Ziel angekommen zu sein.

Doch bis die alte Lockheed gegen eine brandneue ausgetauscht worden war, durfte sich Amelia die allgemeine Verblüffung über ihre erstaunlichen Flugkünste anhören. „Die Tatsache, dass ich eine so hoffnungslose Schrottkiste erfolgreich über den Kontinent befördern konnte, war der einzige Lichtblick in dem folgenden halbstündigen Gespräch."

Für A. E., wie sie bald allgemein genannt wurde, barg das Fliegen eine elementare Anziehungskraft, die stark genug war, sie dazu zu zwingen, viele Stunden lang als ungelernte Hilfsarbeiterin Post zu sortieren, um ihr erstes leuchtend gelbes Flugzeug bezahlen zu können.

Wann immer die Sprache auf ihre Berufung kam, erzählte sie, dass deren Ursprung in ihrer Arbeit als Schwesternhelferin gelegen habe, die sie voller Idealismus während des Ersten Weltkrieges in Toronto verrichtet hatte. Mit 20 Jahren traf sie dort eine Gruppe von verwegenen jungen Militärpiloten, die sie bewunderte. Die Aura von Glamour, die sie umgab – sie verkörperten „die Romantik des Militärdienstes", wie A. E. meinte –, steckte sie in einem Maß an, dass sie bald von nichts anderem mehr träumen konnte, als selbst fliegen zu lernen.

Zunächst jedoch sollte sie sich an der medizinischen Fakultät der Columbia University einschreiben und Zeit in „die seltsamen Dinge" investieren, „die Menschen tun, die Ärzte werden wollen". Jeder außer Amelia hätte an diesem Lebensentwurf Gefallen gefunden, sie jedoch stellte fest, dass sie sich die Flugzeuge ebenso wenig aus dem Kopf schlagen konnte wie zufrieden in einem Labor zu sitzen und Küchenschaben zu sezieren.

„Die Fliegerei war mir sehr nahe gekommen", lautet die seltsam formulierte und unvergessliche Erklärung, mit der sie in ihrem ersten Buch *20 Hrs, 40 Min.* die nachhaltige Wirkung dieses Aufenthaltes in Kanada beschreibt. Doch das bedeutete nur, dass sie von nun an den Wunsch hegte, die Fliegerei noch näher an sich herankommen zu lassen. Schon während ihres allerersten Fluges mit einem Kunstflugpiloten namens Frank Hawks war ihr, kaum hatte sie die Erde knapp hundert Meter hinter sich gelassen, klar geworden, was sie intuitiv bereits erkannt hatte – dass sie zum Fliegen geboren war.

In Wahrheit hatte Amelia Mary Earhart, die Tochter eines Eisenbahners, ihr allererstes Flugzeug mit zehn auf einer Ausstellung, der Iowa State Fair, gesehen. „Es war ein Ding aus schäbigem Holz mit verrosteten Leitungen und sah alles andere als interessant aus."

Ein wohlmeinender Erwachsener versuchte mit „Schau, Liebes, es fliegt" ihre Neugier für diesen seltsamen Apparat zu wecken. Doch Amelia, die ihre kindliche Aufmerksamkeit halsstarrig auf etwas anderes gerichtet hatte, zeigte keinerlei Interesse.

Nur zehn Jahre später jedoch bemühte sie sich nach Kräften, Anschluss bei den Air-Jockeys und Kunstfliegern zu finden, indem sie sich möglichst oft in den Schuppen und Hangars der staubigen Flugfelder aufhielt. Doch so aufregend ihre neue Umgebung war, sogar sie merkte schnell, in welchem Maß die Fliegerei noch in den Kinderschuhen steckte.

Eine formale Ausbildung gab es so gut wie nicht, und bürokratische Spitzfindigkeiten wie Flugscheine waren noch nicht erforderlich. (Ihr eigener Pilotenschein, behauptete Amelia, sei der erste gewesen, den die Fédération Aéronautique Internationale einer Frau ausgestellt habe.) Überall auf den Flugfeldern herrschte die Ansicht, alles sei erlaubt. (Praktisch bedeutete das, dass jeder ohne Probleme überallhin fliegen konnte.) „Piloten landeten auf Weiden, Rennstrecken, sogar auf Golfplätzen, wo die Überraschung über ihren Anblick noch so groß war, dass sie willkommen geheißen wurden“, erinnerte Amelia sich später. Und obwohl das Fliegermilieu Frauen nicht gänzlich verschlossen war, war die Fliegerei, so Amelia, „eine ziemliche Männerdomäne“.

Damals schien das Fliegen sogar eigentlich eher „ein Wirrwarr tapferer Bemühungen Einzelner“ zu sein als etwas, das mit Fug und Recht als Industrie hätte bezeichnet werden können. Doch die Intensität von Amelias Enthusiasmus, ihr wachsendes Können und – wie sollte es anders sein – ihr Wagemut wurden in Situationen wie der im Folgenden beschriebenen offensichtlich.

„Die ersten Stunden flog ich in etwa 3650 Meter Höhe. Und dann geschah etwas, das mir in meinen zwölf Fliegerjahren noch nie widerfahren war. Der Höhenmesser, das Gerät, das die Flughöhe über Grund misst, versagte. Plötzlich drehten sich die Zeiger sinnlos um die Skala, und ich wusste, dass das Instrument für den Rest des Fluges außer Gefecht gesetzt war.

Gegen 23.30 Uhr kam der Mond hinter ein paar Wolken hervor, und ich geriet in einen ziemlich schweren Sturm, es blitzte, und ich wurde gehörig durchgeschüttelt und hatte Schwierigkeiten, meinen Kurs zu halten …Das setzte sich eine Stunde lang so fort. Dann flog ich weiter in ruhigeres Wetter, wenn auch inmitten von Wolken. Einmal erspähte ich den Mond für einen flüchtigen Moment und dachte, ich könnte die Maschine bis über die Wolken hochziehen; so stieg ich eine halbe Stunde lang, bis ich plötzlich bemerkte, dass sich Eis festsetzte.

Daran, dass das Flugzeug langsamer Höhe gewann als gewöhnlich, merkte ich, dass es immer mehr vereiste und stetig schwerer wurde. Dann sah ich Schneematsch auf der Fensterscheibe. Außerdem vereiste mein Tachometer, das Instrument, das die Umdrehungen des Motors pro Minute registriert, und die Zeiger wirbelten um die Skala herum ...Ich ging runter, bis ich erkennen konnte, wie die Wellen sich brachen, obwohl ich nicht genau sagen konnte, wie hoch über ihnen ich mich befand. Ich flog weiter auf diesem Niveau, bis Nebel so tief heruntersank, dass ich mich nicht mehr traute, auf dieser Höhe zu bleiben..."

Auch als die einst unbekannte Amelia Earhart internationalen Ruhm erlangt hatte, zählte nichts für sie so sehr wie das unübertreffliche Vergnügen und die pure Freude, sich Tausende von Metern hoch in die Lüfte zu erheben. Selbst wenn die Tragflächen vereist waren, Flammen aus dem Motor schlugen oder Benzin austrat wie bei ihrem ersten Transatlantikflug, war Amelia glücklich. So überrascht es nicht, dass sie ihr zweites Buch, das 1932 erschien, *The Fun of It: Random Records of My Own Flying and of Women* in Aviation nannte.

Nichtsdestotrotz „gefiel mir die öffentliche Fliegerei nicht", schrieb sie, obwohl diese bald den größten Teil ihrer „Luftexistenz" ausmachen sollte. Wenigstens zu Anfang hegte sie einen instinktiven Widerwillen, den unersättlichen Sensationshunger eines Massenpublikums zu stillen.

„Er deckte sich nicht mit meinen Vorstellungen davon, was ich mit meinem Flugzeug tun wollte. Zu dieser Zeit war es schwer genug, sich als Fliegerin irgendwie die Zeitungen vom Leib zu halten. Der kleinste Unfall wurde als Bruchlandung bezeichnet, und Katastrophen wurden zu Tragödien aufgebauscht."

Sie selbst beharrte darauf, dass „Fliegen" für sie „ein Sport und kein Zirkus war. – Ich pflegte mich zu einem abgelegenen Feld zu schleichen und zu üben, ohne dass mich jemand störte. In der Öffentlichkeit ließ ich mich nur bei besonderen Gelegenheiten blicken."

Fatalerweise geriet Amelias über alles geschätzte Unabhängigkeit nach ihrer Atlantiküberquerung 1928 infolge der ihr unablässig gezollten Aufmerksamkeit in heftige Bedrängnis. Als sie mit ihrer Alleinüberquerung des Atlantiks 1932 weltberühmt wurde, nahm diese Art der öffentlichen Überwachung noch frenetischere Züge an. Doch sie versuchte, die Anforderungen, die an sie gestellt wurden, mit dem Leben, das sie zu führen wünschte, in Einklang zu bringen.

Glücklicherweise war der vielleicht hartnäckigste dieser neuen Freunde, die Anspruch auf ihre Zuwendung erhoben, der begüterte Verleger George Palmer Putnam, einer jener Männer, die sie vor ihrer historischen Atlantiküberquerung an Bord der *Friendship* hatten prüfen sollen. Nachdem sie seine ersten fünf Heiratsanträge aus Unsicherheit, ob eine solche Verpflichtung mit der von ihr so geschätzten persönlichen Freiheit in Einklang zu bringen sei, abgelehnt hatte, schwenkte sie um und nahm seinen sechsten Antrag ganz unerwartet an.

Ausgerechnet Putnams teilnahmsvolle Unterstützung ermöglichte es seiner zweiten Frau, ihre bis dato schon außergewöhnlichen Karriere und damit ihre persönliche „Flugbahn" fortzusetzen.

Eines Morgens Anfang 1932 soll Amelia in ihrem Haus in Rye, New York, George beim Frühstück eine Frage gestellt haben, mit der nur der frisch gebackene Ehemann einer Rekordpilotin rechnen musste.

Ob er irgendetwas dagegen einzuwenden habe, wenn sie nun Vorkehrungen treffe, allein den Atlantik zu überfliegen, fragte sie ihn. Als Antwort lud er einen erfahrenen Flieger zum Lunch ein, den norwegischen Piloten Bernt Balchen, der sich am Schluss des Essens als technischer Berater verpflichtet hatte.

Anfang April hatte Amelia noch immer nicht ihre Mutter von ihren Plänen in Kenntnis gesetzt, obwohl Mrs. Earhart ihr in der Vergangenheit niemals die Unterstützung versagt hatte – sie war A. E. sogar dabei behilflich gewesen, ihr erstes Flugzeug zu erwerben. Doch Amelia war vollkommen auf ihr Ziel fixiert und arbeitete, von ihrem Ehemann und Balchen unterstützt, detailversessen auf den bevorstehenden Abflug hin.

Mitte Mai war es so weit, und um die besten Startbedingungen zu haben, wurde die Entwicklung der örtlichen Wetterlage genauestens verfolgt. Als George, der ständigen Kontakt zu einem pensionierten Meteorologen hielt, am 20. Mai das Zeichen zum Start gab, war Amelia nicht darauf vorbereitet. Sie musste nach Rye zurück und ihr Gepäck holen, und dabei war sie gnadenlos effizient: „Fünf Minuten genügten, um meine sieben Sachen zusammenzusuchen", schrieb sie später.

Bernt Balchen sollte aufsteigen, um sie vom heimischen Flugfeld in New Jersey nach Harbour Grace in Neufundland zu begleiten. Dort erhielt Amelia Earhart, die Reithosen und eine Windjacke unter ihrer Fliegermontur aus Leder trug, am 21. Mai ein paar Minuten nach sieben Uhr abends eine letzte Nachricht von ihrem Ehemann, schüttelte Balchen und ihrem Mechaniker die Hand, stieg in das Cockpit ihrer einmotorigen Vega und „drückte aufs Gas".

Von da an war sie vollkommen auf sich allein gestellt.

Nachdem sie eine Reihe von technischen Schwierigkeiten bewältigt hatte – die letzten zwei Stunden des fast 15-stündigen Fluges seien in Anbetracht des Lecks im Benzintank und der miserablen Sichtverhältnisse die schlimmsten gewesen, schrieb sie – landete sie auf einer Wiese in Irland.

Sie streckte den Kopf aus dem Cockpit und erwiderte den Gruß der drei überraschten Menschen, die aus dem nahe gelegenen Farmhaus kamen, indem sie ihnen vergnügt mitteilte: „Ich komme aus Amerika."

1932 setzte Amelia Earhart nach fast 15 Stunden Flug auf einer Wiese in Irland auf. Bei einem nahe gelegenen Farmhaus brachte sie die Maschine zum Stehen, wusch sich das Gesicht, trank Tee und gab ein Autogramm. (Foto rechts).

NATIONAL AIR & SPACE MUSEUM, SMITHSONIAN INSTITUTION

Als echte amerikanische Heldin wurde Amelia Earhart für diese bahnbrechende Leistung des 20. Jahrhunderts (sie überquerte außerdem als erster Mensch den Atlantik zweimal) mit vielen Auszeichnungen geehrt, darunter die Harmon International Trophy, das United States Congress' Distinguished Flying Cross, die Mitgliedschaft bei der französischen Ehrenlegion und die Special Gold Medal der National Geographic Society.

Bei dem Bankett in Washington, wo sie diese letzte Anerkennung nach einem offiziellen Dinner mit Präsident Hoover und dessen Gattin im Weißen Haus erhielt, blieb sie trotz der Lobhudeleien, die sie angesichts ihres Erfolges zu hören bekam, bescheiden.

Lieber würdigte sie den Beitrag Bernt Balchens („jede Expedition verdankt 60 Prozent ihres Erfolges der Vorbereitung") und gab der Hoffnung Ausdruck, dass ihr Flug dem transatlantischen Luftverkehr Auftrieb geben sowie die Anerkennung von Frauen in der Fliegerei beschleunigen würde.

Schließlich versicherte sie ihren gebannten Zuhörern, dass sie allen Gerüchten zum Trotz bei der Landung keine irischen Kühe getötet habe – „es sei denn, eine ist vor Schreck gestorben".

Amelia Earhart stellte im Laufe ihrer beeindruckenden, 17 Jahre währenden Karriere 13 wichtige Rekorde auf – vom Rundflug über die Vereinigten Staaten von Amerika, den sie als erste Frau allein absolvierte (1928), bis zur Überquerung des Pazifiks im Alleinflug (1935), die sie als erster Mensch überhaupt bewältigte. Sie brach den Geschwindigkeitsrekord im Nonstop-Transkontinentalflug von Frauen zweimal (1932 und 1933), und sie befand sich mitten in einem Flug rund um die Welt – ihrem verwegensternRekordversuch –, als ihr Flugzeug nahe der Howlandinsel, einem Korallenatoll im Pazifik von Amerikanisch-Ozeanien.

In seinem Buch *Last Flight* (1937), das George Putnam allein auf der Grundlage von Flugaufzeichnungen, Logbüchern und Briefen, die sie ihm telegrafierte, erarbeitete, rekonstruierte er die genaue Flugbahn der unvollendeten Reise seiner Ehefrau. Amelia, so schrieb er, habe oft über ihre Überlebenschancen nachgesonnen, wenn sie vor dem Start hinaus auf die See blickte. „Es ist ein so großer Ozean – so viel Wasser!“, habe sie einmal seufzend bemerkt.

Doch was immer auch geschah – über eine Kernfrage äußerte sie sich stets glasklar: „Wenn ich abtreten muss, dann am liebsten in meinem Flugzeug. Schnell.“ ■

„Ich schwebte vor dem großen Panoramafenster der Mir und blickte auf die Erde hinunter …Stets von neuem war ich beeindruckt von der Großartigkeit der Szenerie. Das Erstaunlichste von allem war, dass ich, ein Kind der Fünfzigerjahre, des Kalten Krieges und der Prä-Sputnik-Ära, auf einer russischen Raumstation lebte.“

SHANNON LUCID

*1934

WÄHREND MEINER FRÜHEN KINDHEIT im südlichen Texas verbrachte ich eine Menge Zeit damit, Knäuel aus Steppengras zu jagen, die vom Wind über die Prärie geblasen wurden. Jetzt saß ich in einem Vehikel, das wie ein solches Grasbüschel durch den Kosmos trudelte und teilte Arbeit und Freizeit mit einem russischen Luftwaffenoffizier und einem russischen Ingenieur. Vor nur zehn Jahren wäre eine solche Konstellation allenfalls in einem Science-Fiction-Roman denkbar gewesen."

Doch schon bevor die amerikanische Astronautin Shannon Wells Lucid 150 Millionen Kilometer durch den Weltraum reiste und damit einen Rekord aufstellte, führte sie kein gewöhnliches Leben. Als Tochter eines Baptisten-Missionars hatte sie die ersten Jahre ihrer Kindheit in China verbracht, auf der anderen Seite des Globus, den sie später umkreisen sollte.

Am Ende des Zweiten Weltkriegs gehörte ihre Familie, die fast ein Jahr lang in einem japanischen Konzentrationslager alle möglichen Ängste und Unsicherheiten durchlitten hatte, zu den Glücklichen, die im Rahmen eines Gefangenenaustauschs freigelassen wurden. Sie verließ das Land auf dem berühmten Rettungsschiff *S.S. Gripsholm* und konnte nach dem Ende des Krieges wieder in ihre chinesische Missionsstation zurückkehren. 1949 jedoch mussten die Wells sie ein zweites Mal aufgeben, denn nun hatte sich die Volksrepublik China und mit ihr die kommunistische Herrschaft etabliert, und diesmal gab es kein Zurück mehr.

Doch Shannon, die, von sechs Wochen abgesehen, die ersten sechs Jahre ihres Lebens in einem Internierungslager zugebracht und mit sechs Jahren schon zweimal im Flugzeug die Erde umrundet hatte, schildert als früheste Erinnerung nicht etwa eine exotische asiatische Landschaft. Statt dessen trägt sie als inneres Bild eine eher prosaische Szene aus Michigan mit sich herum – wie sie selbst nach einem Besuch bei Verwandten in der Nachbarschaft unverdrossen einen kleinen roten Leiterwagen hinter sich her zieht.

Ganz in Gedanken versunken, war sie mit ihrem Wägelchen im Schlepptau vorwärts gezockelt und hatte offenbar die Aufmerksamkeit von Passanten erregt. Einige waren stehen geblieben, um sie freundlich zu fragen, wohin sie denn unterwegs sei. Die souveräne Antwort, die sie ihnen gab, klingt wie eine Vorahnung ihrer künftigen Karriere: „Ich sagte ihnen, ich wolle die Welt erforschen."

Nicht lange danach weigerte sich der Dreikäsehoch mangels Beweisen, der ungeheuerlichen Behauptung der Erwachsenen zu glauben, dass es in China hell sei, wenn in den Vereinigten Staaten Nacht herrsche. Sie folgerte, dass es wohl besser sei, sich selbst davon zu überzeugen, und machte sich eines Tages auf den Weg, um herauszufinden, ob eine so verstörende Aussage tatsächlich der Wahrheit entsprechen könne.

„Ich erzählte es meiner Mutter, und sie sagte bloß: ‚Nur zu, mein Schatz.'" Erst Stunden später, nach einer panischen Suchaktion, fanden die aufgeregten Eltern ihre angehende Wissenschaftlerin zusammengerollt und fest schlafend auf einem Felsen wieder.

Ihre Interessen richteten sich jedoch nicht nur auf die Erde. Schon in jungen Jahren war sie von jeder Art Flugreise fasziniert. Als sie beispielsweise von Shanghai in das Bergdorf flog, in dem sich die Familie von der Stadthitze erholte, freute sie sich über jede Gelegenheit, bei der sie aus dem Fenster des ehemaligen Armeeflugzeugs, das keinen Druckausgleich besaß, den Landeanflug beobachten konnte. „Ich sah den Kiesstreifen dort unten, und mir kam der Gedanke, wie unglaublich es war, dass man überhaupt fliegen und ein Flugzeug landen konnte."

Als die Familie wieder in den Staaten ansässig war und Shannon Wells eine Grundschule in Texas besuchte, entwickelte sich ihre Fantasie in neue Richtungen. Sie hatte ihren Vater oft per Zug, Bus und Auto zu seinen Predigten begleitet, aber nun genügte ihr nicht einmal mehr das Fliegen, sie wollte die Atmosphäre überwinden. Ihr Wunsch war die Erforschung des unermesslichen Weltraums.

Damit war sie ihrer Zeit voraus. Jahrzehnte vor ihren eigenen triumphalen Ausflügen ins All hatte ihre Vorstellungskraft sie bereits dorthin geführt, und zudem hatte sie, wie sie gerne ausführt, in Gedanken schon längst ein staatliches Raumfahrtprogramm konzipiert.

Sie macht auch heute kein Hehl aus ihrer Empörung, wenn sie beschreibt, wie sie sich 1959 als weltraumbesessener Teenager fühlte, als sie erfuhr, dass die sieben ersten *Apollo*-Astronauten, die von der gerade erst gegründeten *National Aeronautics and Space Administration* (NASA) ausgewählt worden waren, ausschließlich Männer waren. (An ihrer High School in Oklahoma „durften Mädchen nicht mal Sport treiben. Wir sollten als Cheerleader die Jungen anfeuern. Ich war das einzige Mädchen, das sich weigerte. Ich wollte auch am Werkunterricht teilnehmen, aber nein, keine Chance.")

Dass sie wusste, wie das System funktionierte, machte die Enttäuschungen nicht weniger real und ihre Verbitterung nicht weniger heftig. Die Ankündigung der NASA, sagte Shannon, war damals ihre „schlimmste Erfahrung", und aus Protest schrieb sie sogar einen Brief an *Time,* in dem sie ihrem Ärger Luft machte. (In den Jahren 1960 und 1963 lehnte die NASA drei Frauen ab, obwohl sie sämtliche Anforderungen erfüllt hatten und zum Astronautentraining empfohlen worden waren.

Nachdem Shannon 1963 an der Universität von Oklahoma ihr Chemie-Examen abgelegt hatte, studierte sie dort weiter und machte 1973 ihren Doktor in Biochemie. Während dieser Zeit war sie ständig in Labors und Universitätseinrichtungen tätig. Der Doktortitel verschaffte ihr 1974 eine Stelle als Mitarbeiterin bei der Oklahoma Medical Research Foundation, für die sie schon einige Jahre zuvor als Laborassistentin gearbeitet hatte.

Diese Stelle entsprach ihrer beruflichen Qualifikation, nicht jedoch ihren geheimen Wünschen. „Ich hatte damals schon meinen Pilotenschein, aber ich bekam keine Stelle bei einer Fluggesellschaft. Sie stellten einfach keine Frauen ein. Fertig."

Doch da sich die amerikanische Gesetzgebung hinsichtlich sexueller Diskriminierung allmählich änderte, konnte auch die NASA ihre Prinzipien nicht länger aufrechterhalten. Schon bald verbreitete sich in unter den Wissenschaftlern das Gerücht, die nächste Ausbildungsgruppe von Astronauten werde aus Männern und Frauen bestehen. Das war alles, was Shannon Wells Lucid wissen musste. Denn obwohl sie seit 1968 mit ihrem Mann Michael verheiratet und viel beschäftigte Mutter von drei Kindern war, hatte sie ihren Traumberuf nie aus den Augen verloren.

„Ich schickte meine Bewerbung ein, und dann folgten ungefähr eine Woche lang medizinische Tests und Gespräche" –

so schildert sie bescheiden den außerordentlichen strengen Auswahlprozess, durch den sie in die Trainingsklasse von 1978 gelangte. (Sally Ride, eine andere der sechs Frauen, die zu den 35 Anwärterinnen und Anwärtern gehörte, startete 1983 als erste Amerikanerin in den Weltraum.)

Gut anderthalb Jahre später hatte sich Shannon Lucid als Missionsspezialistin für Flüge des Spaceshuttle qualifiziert. Es folgten sechs aufregende Jahre als Mitglied der Boden-Crew – im Mission-Control-Zentrum und bei technischen und administrativen Aufgaben – bevor ihr eine die Aufnahme in das Team des Shuttle *Discovery* im Juni 1985 endlich die ersehnte Fahrkarte zu den Sternen verschaffte.

Shannon Lucid sagte einmal: „Man kann sich in Watte packen, wenn man das will, aber das wäre kein Leben für mich." Eine gut gepolsterte Uniform dagegen ist sehr empfehlenswert, vor allem, wenn man sie im Auftrag der amerikanischen Regierung 290 Kilometer weit entfernt von der Erde im Weltall trägt.

Vier Jahre später, nach ihrer Mission mit der STS-51G *Discovery*, wurde Shannon Crew-Mitglied beim Shuttle STS-34 *Atlantis*, das 1989 fünf Tage lang verschiedene Arbeiten im Weltraum ausführte und die Raumsonde *Galileo* auf den Weg zum Jupiter brachte. Knapp zwei Jahre nachdem *Atlantis* auf dem Luftwaffenstützpunkt Edwards in Kalifornien wieder gelandet war, startete Shannon für neun Tage und 142 Erdumkreisungen mit STS-43 *Atlantis* in den Weltraum; bei diesem Flug führten die Astronauten an Bord zahlreiche Experimente durch und brachten einen Daten-Relais-Satelliten in die Umlaufbahn.

Nach ihrer nächsten Aufgabe – 225 Erdumkreisungen mit Spacelab STS-58 *Columbia* im Jahr 1993 (die Crew, die sich das Raumschiff mit 48 Ratten teilte, wurde von der NASA für den „erfolgreichsten und effizientesten Spacelab-Flug" belobigt) – war Shannon Lucid nicht nur eine erfahrene Weltraum-Veteranin, sondern auch eine echte Rekordhalterin.

Die 838 Stunden und 54 Minuten, die sie auf ihren vier NASA-Missionen im Weltraum verbracht hatte, machten sie zur amerikanischen Astronautin mit den meisten Flugstunden, und das war noch lange nicht das Ende vom Lied.

„Aufgrund meiner Erfahrung glaube ich, dass eine internationale Raumstation verschiedene Lektionen beherzigen sollte. Zunächst muss die Crew sorgfältig zusammengestellt werden. Auch wenn die Station über die neueste futuristische Technologie verfügt, wird der Flug einer Crew, die nicht gern zusammenarbeitet, zu einer scheußlichen Erfahrung. Zweitens muss die NASA begreifen, dass ein Langzeitflug sich von einem Shuttle-Flug etwa in dem Maße unterscheidet wie ein Marathon von einem Hundert-Meter-Lauf. Bei einem typischen zweiwöchigen Shuttle-Flug beschäftigen die Mitarbeiter der Bodenkontrolle die Crew praktisch pausenlos mit immer neuen Aufgaben. Bei einem Langzeitflug dagegen muss die Crew mehr wie ein Wissenschaftler-Team in einem Labor auf der Erde behandelt werden. Sie müssen selbst eine gewisse Kontrolle über ihren Tagesablauf ausüben dürfen."

Nach einem dreimonatigen Russischkurs und einem Jahr im „Sternenstädtchen", dem russischen Trainingszentrum für Kosmonauten in der Nähe von Moskau, war Shannon Lucid Ende März 1996 bereit, ihren Crew-Kollegen, dem Kommandanten Juri Onufrijenko und dem Raumfahrtingenieur Juri Usachew, zu folgen, die schon vor ihr auf der *Mir* abgesetzt worden waren.

Die Raumfähre *Atlantis* brachte sie vom Kennedy-Raumfahrtzentruman der Küste Floridas binnen drei Tagen zur russischen Raumstation, die mit einer Geschwindigkeit von 27 300 Kilometern pro Stunde die Erde umkreiste.

Da die beiden Juris kein Englisch sprachen, musste Shannon – die, obwohl sie sich für „wenig sprachbegabt" hält, technisches Russisch gemeistert hatte – ihnen nicht nur in der offensichtlichen Bedeutung des Wortes entgegenkommen. Zu den Freuden des interkulturellen Austauschs gehörte es, dass sie sich mit dehydriertem Borschtsch anfreundete, während ihre Gefährten praktisch alles, was sie aßen, dick mit amerikanischer Mayonnaise bestrichen.

Haushaltsarbeiten beanspruchten einen Teil des Tages. Das Trio sammelte Müll ein, sortierte seine Essensrationen und wischte Kondenswasser auf, das sich auf kalten Oberflächen angesammelt hatte. Ebenfalls zum täglichen Ritual, das streng eingehalten wurde, gehörten regelmäßige Bewegungsabläufe. In Sicherheitsgurte geschnallt und an Bungee-Seilen befestigt, führten die drei Übungen auf dem Laufband aus, die von russischen Physiologen speziell für die Schwerelosigkeit entwickelt worden waren.

Bevor sie sich nachts schlafen legte, durfte Shannon nicht vergessen, ihren Schlafsack an einem Geländer zu befestigen, damit sie „jeden Morgen am mehr oder weniger selben Ort aufwachte". 25 Zentimeter über dem Boden zu schlafen machte ihr jedoch keine Schwierigkeiten. „Um Mitternacht", schrieb sie, „schaltete ich das Licht aus und glitt in meinen Schlafsack. Ich schlief immer fest, bis am nächsten Morgen der Wecker klingelte." Shannon Lucid musste zu guter Letzt viel mehr Zeit auf der *Mir* verbringen als geplant, sogar mehr als ihre russischen Kollegen. Ihr Heimflug zur Erde verspätete sich um sechs Wochen, und sie war zum Ausharren gezwungen, während die NASA-Ingenieure sich bemühten, die Startraketen der *Atlantis* funktionstüchtig zu machen. (Die Verzögerung, erklärt sie, habe sie erst in dem Moment als Härte empfunden, als ihr einfiel, wie viele zusätzliche Stunden sie jetzt auf dem Laufband zubringen musste).

Die Experimente, die sie während ihrer 120-Millionen-Kilometer-Reise an Bord der *Mir* durchführte, befassten sich mit der Auswirkung der Mikroschwerkraft auf die Embryonalentwicklung befruchteter Eier der japanischen Wachtel. „Ich verwirklichte den Traum eines jedes Wissenschaftlers. Ich hatte mein eigenes Labor und arbeitete die meiste Zeit des Tages unter eigener Regie. Bevor ein Experiment langweilig wurde, war es an der Zeit, ein neues anzufangen, mit neuer Ausrüstung und auf einem neuen Forschungsgebiet ...Ich glaube, meine Erfahrung in der *Mir* zeigt sehr gut, wie sinnvoll es ist, auf bemannten Raumstationen Forschungsarbeiten durchzuführen. Bei manchen Experimenten konnte ich subtile Phänomene beobachten, die einer Video- oder Fotokamera entgangen wären. Da ich mit dem wissenschaftlichen Hintergrund jedes Experiments vertraut war, hatte ich mitunter die Möglichkeit, die Ergebnisse auf der Stelle auszuwerten und die Versuchsanordnung nach Bedarf zu verändern."

Da die Fixierlösung ein potenzielles Sicherheitsrisiko darstellte – ein Tropfen hätte sich selbstständig machen, durch den Raum schweben und ins Auge eines Crew-Mitglieds geraten können, wo er schwere Verbrennungen verursacht hätte –, lagerten die Eier in einer Reihe miteinander verbundener durchsichtiger Tüten. Diese wiederum waren in einen größeren Plastiksack eingeschweißt, an dem Handschuhe angebracht waren, sodass Shannon an ihren Proben arbeiten konnte und die Versiegelung intakt blieb.

Bei Mikroschwerkraft-Experimenten im Weltraum, erläutert sie, hat man die Chance, „eine Konstante, nämlich die Erdanziehungskraft, auszuschließen, und das erlaubt einem zu erkennen, was dieser Faktor beeinflusst, verändert oder eben nicht verändert".

„Viele unserer Experimente lieferten wertvolle Daten für die Ingenieure, die die internationale Raumstation entwarfen. Die Ergebnisse unserer Untersuchungen zur Strömungsphysik helfen den Planern der Raumstation, eine bessere Belüftung und bessere Leben erhaltende Systeme zu konstruieren. Und unsere Experimente zu der Frage, wie sich Flammen in der Mikroschwerkraft ausbreiten, könnten zu einer Verbesserung der Feuerbekämpfung in der Station führen."

Lucid, die zukünftige Bewohner von Raumstationen nachdrücklich darauf hinweist, dass sie sich ein Hobby zulegen soll-

COURTESY, MARIN COUNTY HISTORICAL SOCIETY

In der russischen Raumstation Mir posiert Shannon Lucid schwebend für ein patriotisches Foto zum 4. Juli.
1996 verbrachte sie 188 schwerelose Tage in beengten Umständen, die sie humorvoll mit Ferien in einem „Wohnwagen bei Dauerregen" vergleicht.

ten, bevor sie losfliegen, verbrachte ihre Freizeit am liebsten mit Lesen, wenn sie nicht gerade Witze erzählend, Tee oder Kekse genießend mit Onufrijenko und Usachew zusammensaß. „Ich bekomme nie genug vom Fliegen oder vom Lesen", gesteht sie. Und so verschlang sie während ihrer Monate auf der *Mir* freudig 50 Bücher. Sie hatte eine ihrer Töchter beauftragt, sie im Weltraum mit Romanen zu versorgen, die „viele Wörter auf jeder Seite" hatten. (Die persönlich zusammengestellten Literaturpakete trafen in zwei Lieferungen mit der Fracht eines der unbemannten Raumschiffe ein, die alle paar Monate an der *Mir* andockten.)

„Ich habe sie gebeten, Bücher auszusuchen, von denen sie wusste, dass ich sie noch nicht kannte, und so wurde ich mit Dickens eingedeckt und mit einer Menge Autoren aus dem 17. und 18 Jahrhundert ...Nach einer Weile war ich entschieden reif für etwas Moderneres."

„Ich entdeckte, dass ich, im Gegensatz zu kurzen Ausflügen mit dem Shuttle, bei einem langen Flug durch das All den Wechsel der Jahreszeiten auf der Erdoberfläche beobachten konnte. Als ich Ende März auf der *Mir* ankam, waren die höheren Breitengrade der nördlichen Hemisphäre mit Eis und Schnee bedeckt. Innerhalb von wenigen Wochen jedoch erschienen große Spalten in den Seen, und das Eis brach auf. Scheinbar über Nacht erglänzte die nördliche Hemisphäre in einem frühlingshaften Grün."

Obwohl sie mehr Stunden im Weltraum verbracht hat als jeder andere Amerikaner, hat Shannon Lucid noch lange nicht genug von den Herausforderungen und Wundern des Alls. Zwar fühlte sie sich bei den Zuständen auf der *Mir* daran erinnert, wie es ist, „ in einem beengten Wohnwagen mit Kindern zu sitzen, wenn es regnet und keiner raus kann", aber das bedeutet noch lange nicht, dass sie nicht jederzeit gern wieder fliegen würde.

Auch Ende 1999 wollte sie ihre Hoffnung auf eine sechste Shuttle-Nominierung oder sogar eine Pritsche in der internationalen Raumstation noch nicht aufgeben und stellte mit einiger Belustigung fest, dass ihre mittlerweile erwachsenen Kinder ihr gern wieder einmal zum Abschied zuwinken würden. „Sie sagen: ‚Es ist höchste Zeit. Wir sind es Leid, dass du im Haus herumlungerst und ständig nur daran denkst, wie du wieder zurück ins Weltall kommst.'"

Die Gedanken an den Weltraum sind für Shannons Fantasie immer noch so anregend wie in ihrer Kindheit, und es ist fast eine Sucht daraus geworden. „Deshalb behalte ich auch mein Büro hier [im Lyndon B. Johnson Space Center in Houston]. Ich würde zu gerne wieder fliegen. Das Problem ist jedoch", seufzt sie „es gibt so viele von uns, und alle haben den gleichen Wunsch."

Aber natürlich sind nicht alle Shannon Lucids. Präsident Clinton nannte sie eine „entschlossene Visionärin", als er ihr 1996 bei einer Zeremonie im Weißen Haus die Congressional Space Medal of Honor verlieh. Sie war die erste Frau, die diese hohe Auszeichung erhielt, für eine Leistung, die die Verdienste der extremsten, aber eben erdgebundenen Forscherinnen übertrifft. ■

Im Auftrag unterwegs

HARRIET CHALMERS ADAMS

1875–1937

SYLVIA A. EARLE

*1935

IONAL
OGRAPHIC
SOCIETY
9

„Ich habe mein Geschlecht niemals als Hindernis erlebt; bin niemals auf eine Schwierigkeit gestoßen, die eine Frau nicht ebenso gut wie ein Mann bewältigen könnte; hatte niemals Angst vor der Gefahr; es mangelte mir niemals an Mut, mich selbst zu schützen. Ich saß in der Klemme und habe Schreckliches gesehen."

Vorhergehende Doppelseite: Die furchtlose und passionierte „Herrin der Unterwasserwelt", Sylvia A. Earle, steigt 1980 während einer Test-Tauchfahrt in der Nähe von Oahu, Hawaii, aus dem Tauchboot Star II hinab auf den Meeresgrund.

CHUCK NICKLIN / SEA FILMS, INC.

HARRIET CHALMERS ADAMS

1875 – 1937

„JEDER VON UNS HAT EIN MEKKA. Für den einen ist es New York, für den anderen Paris. Mancher sehnt sich nach dem Heiligen Land. Seit meiner Kindheit war ich in meinen Träumen die lange Strecke nach Cuzco gepilgert, und als ich mich schließlich im Land der Anden auf diesem Teil der alten Inkastraße wiederfand, die sich zwischen dem Titicacasee und der ‚Stadt der Sonne' erstreckte, wusste ich, dass Träume manchmal wahr werden."

Als diese Sätze 1908 in der Oktoberausgabe des *National Geographic* erschienen, konnte die in Kalifornien geborene Harriet Chalmers Adams ohne die geringste Übertreibung von sich behaupten, eine „Reiseveteranin" zu sein, die nicht nur die Stadt der Sonne, sondern auch einen großen Teil Mittel- und Südamerikas gesehen hatte.

Die Bandbreite ihrer dortigen Erlebnisse reicht vom Überleben eines Erdbebens in Bolivien über die mit knapper Not gelungene Flucht vor Alligatoren und Riesenschlangen bis zum Verspeisen eines mit einem Giftpfeil getöteten Vogels, an dem sie fast umgekommen wäre. Einmal suchte sie sogar inmitten einer wärmenden Herde wilder Lamas vor einem Schneesturm Schutz und erklärte später: „Es war ein kahler Berghang ohne jede Zufluchts- oder Hilfsmöglichkeit ...[aber] ich schlief warm und bequem."

Auch ein Schrecken erregender Zusammenstoß mit Vampir-Fledermäusen blieb Harriet nicht erspart. Eines Nachts glaubte sie tief in einem südamerikanischen Urwald seltsame Geräusche zu hören, während sie sich zum Schlafen fertig machte. Lässig schrieb sie darüber in ihr Tagebuch: „Ich nehme an, Jaguare, die ums Haus herum Fangen spielen, erzeugen diese Geräusche." Doch als der Morgen graute und Harriet erwachte, fand sie ihre Begleiter schwer atmend vor, und auf Köpfen, Brust und Hals war Blut zu sehen. Als sie ihre Wunden verband, wurde offensichtlich, dass Vampire in die Hütte gekrochen und über die Schlafenden hergefallen waren. Harriet selbst war nur deshalb verschont geblieben, weil sie sich vor dem Einschlafen vorsorglich einen Schleier über den Kopf gezogen hatte, der die winzigen Tiere abhält.

Als Harriet Adams sich 1900 gemeinsam mit ihrem Mann Frank zum ersten Mal über die Grenzen der Vereinigten Staaten hinauswagte, war sie 25 Jahre alt. Es gelang dem Paar schnell, sich auf dieser Reise – verspäteten Flitterwochen, die sie im Hinterland von Mexiko verbrachten – den örtlichen Sitten und schwierigen Lebensbedingungen anzupassen. Diese frühen Mexiko-Abenteuer nährten jedoch nicht nur Harriets Fernweh, sondern weckten in ihr auch den Wunsch, im Rahmen ihrer Ehe die Stabilität von Heim und Herd gegen die Aufregung des Reisens zu tauschen.

Deshalb drängte sie Frank (dessen Arbeit an einem technischen Prüfbericht den eigentlichen Vorwand für ihre Mexikoreise geliefert hatte), sich von nun an nur noch Jobs zu suchen, bei denen die Koffer gar nicht erst ausgepackt würden. Mit Freuden ging er auf ihren Vorschlag ein – und wartete mit dem Angebot auf, drei Jahre in Latein- und Südamerika zu verbringen und sich dafür vertraglich zur Inspektion mehrerer weit verstreuter Minen zu verpflichten. Die überglückliche Harriet begann auf der Stelle ihre Reiseroute zu planen.

Viel später, als sie auf ein ganzes Leben als Reisende zurückblicken konnte, fasste sie die Quintessenz ihrer Bestrebungen, die Sesshaftigkeit zu umgehen, in folgende Worte: „Kleider werden zu Lumpen, und Schuhe haben die höchst lästige Eigenschaft, sich abzulaufen, doch Luft und Sonne und Abenteuer und der Zauber des Erkundens entschädigen manchen Menschen voll und ganz für Unannehmlichkeiten, Not und Gefahr."

Harriet Chalmers wurde 1875 geboren. Sie stammte aus Stockton in Kalifornien, einer Hafenstadt am San Joaquin River, die in den legendären Tagen des Goldrauschs als Versorgungszentrum fungiert hatte. Ihr Vater Alexander war zunächst als Goldsucher in die Stadt gekommen, bevor er sich als respektabler Inhaber eines Textilwarengeschäfts dort niederließ. Er war ein begeisterter Naturbursche und übte den größten Einfluss auf die Entwicklung seines ältesten Kindes aus, wobei er die mütterliche Sorge, die seine Frau Fanny unweigerlich um die körperliche Robustheit und Sicherheit ihrer Tochter bangen ließ, hartnäckig ignorierte.

Gerade so wie Isabella Bird Bishop vier Jahrzehnte früher ihren Vater, einen Geistlichen, auf dem Pferderücken über Land begleitet hatte, hatte Harriet einen Vater, der seine Tochter zu Pferd an seiner Seite wünschte. Berichten zufolge war Harriet erst zwei Jahre alt, als das Paar zum ersten Mal in die Sierra Nevada aufbrach.

Ihren ersten wirklich ambitionierten Ausflug jedoch machte Harriet mit knapp acht Jahren. Gemeinsam mit ihrem Vater erkundete sie zu Pferd die pazifische Küste, durchquerte Kalifornien bis zu den Yosemite Fällen und ritt die ganze Strecke bis zu den kanadischen Rocky Mountains. (Mrs. Chalmers und Harriets kleine Schwester Anna verbrachten offenbar lieber geruhsamere Ferien in richtigen Erholungsorten.)

Sowohl Harriet als auch Anna wurden ab 1886 von Hauslehrern unterrichtet. So waren Stundenpläne kein Hindernis, als sich Alexander Chalmers im Frühjahr 1889 entschloss, mit seiner Lieblingsgefährtin ein Jahr lang auf Tour zu gehen. Als sie von der Grenze Oregons hinunter nach Mexiko zogen, erkannte die 14-jährige Harriet instinktiv, dass sie dabei war, eine außergewöhnliche Erfahrung zu machen, deren Widerhall ihr Leben lang in ihr nachklingen würde.

„Ich war eine Entdeckerin, noch bevor ich alt genug war, um es zu begreifen", sollte sie später glücklich sagen.

Wenn schon diese Reisen Harriets bereits lebhafte Vorstellungskraft „anheizten", so begriff sie als Büchernärrin bald, dass es als Erwachsene in ihrer Hand liegen würde, nicht nur zu reisen, wohin sie wollte, sondern auch eines Tages über ihre eigenen Abenteuer zu schreiben.

Harriet war relativ klein und von bezaubernd femininem Äußerem; noch als sie die Zivilisation hinter sich ließ, liebte sie auffallende Hüte und hübsche Kleider. (Wir wissen, dass sie vor ihrer Reise durch die Anden einmal mit größter Sorgfalt ein wertvolles Gefäß Feuchtigkeitscreme einpackte.) Doch als junge Frau in Stockton blieb sie ein Wildfang und war stadtbekannt für ihre Tapferkeit und ihren Mut.

Erklomm sie einen Baum, dann musste es der höchste sein; begann sie einen Sport auszuüben, kämpfte sie erbittert darum, die Beste zu werden. Zugleich verschlang sie Bücher, war wissbegierig und hatte eine natürliche Begabung für Sprachen (schließlich sollte sie Spanisch, Portugiesisch, Italienisch, Deutsch und Französisch beherrschen). Und wahrscheinlich war es genau diese Mischung widersprüchlicher Eigenschaften, verbunden mit einem freien Geist, die Harriet so anziehend für Franklin Adams machte.

Er war sieben Jahre älter als sie. Als ihre Liebesgeschichte begann, arbeitete er als Ingenieur bei der Stockton Gas and Electric Company, die sein Vater geleitet hatte. Bei ihrer Hochzeit 1899 träumten Harriet und Frank gemeinsam von der Ferne. Da es ihnen jedoch an Geld mangelte, mussten sie sich fürs Erste mit weniger ehrgeizigen Spritztouren in ihrem „eigenen" Bundesstaat zufrieden geben. Harriet pflegte nun die Grenzen Stocktons häufig nicht mehr hoch zu Ross, sondern neben Frank in einem Automobil sitzend zu passieren, da beide Adams von diesem neumodischen Transportmittel schnell angetan waren.

Unter Franks Anleitung begann Harriet ihre Ausbildung zur Fotografin. Als sie 1904 die Bucht von San Francisco in Richtung Lateinamerika verließen, schleppten sie Filmvorräte für drei Jahre und eine Ausrüstung mit, die auch eine Filmkamera enthielt. Während Frank seinen beruflichen Verpflichtungen nachging, sollte Harriet ein Reisetagebuch führen, indem sie Ansichten und Geräusche ihrer Reise aufnahm.

Da sie zur Vorbereitung dieser Reise viel gelesen hatte, war sie begeistert festzustellen, wie wichtig die historischen Kenntnisse, die sie sich über die Region angeeignet hatte, für das Verständnis ihrer Eindrücke waren.

„Als der Zug sich schnaufend entfernte", schrieb sie später in einem weiteren Beitrag für den *National Geographic*, „und uns in einem kleinen Andendorf mit strohgedeckten, schlammverkrusteten Baracken zurückließ, zwickte ich mich, um sicherzugehen, dass ich wach war. Wir waren in Tiahuanaco, einem indianischen Dorf im rauen, flachen Hochland Boliviens, [und] die Abfahrt des Zuges schien [uns] um 500 Jahre zurückversetzt zu haben. ‚Keine Spur von der spanischen Invasion', sagte ich; doch gerade da stießen wir auf eine Gebetsstätte an der Straße und ein Holzkreuz und wurden daran erinnert, dass diese Hochlandindianer nicht länger Sonnenanbeter waren."

Harriet verbuchte Erfolge wie etwa jenen, als erste Frau vom Amazonas nach Cayenne in Französisch-Guyana gereist zu sein und den Gipfel des mehr als 5700 Meter hohen peruanischen El Misti erklommen zu haben. Und sogar nach „langen Tagen im Sattel mit wenig Lebensmitteln und noch weniger Wasser" und nichts als dem nackten Boden als Schlafstätte war sie jederzeit in der Lage, ihrer Fantasie Flügel zu verleihen: „Ich war eine Quechua-Prinzessin, und meine ergebenen Sklaven trugen mich hinab zum herrlichen Sommerpalast meines Vaters, des Inka."

Das ging so lange, bis die Wirklichkeit dazwischenfunkte. „Leider stolperte gerade in diesem Augenblick mein Pferd und holte mich auf den Boden zurück – eine verstaubte, kleine Andenreisende, die sich nach irgendeiner mottenzerfressenen *posada* sehnte, wo sie ihr müdes Haupt betten konnte."

Als die Adams Mitte 1906 in die Vereinigten Staaten zurückkehrten, konnten die Enttäuschungen nicht ausbleiben. Franks Vertrag mit der Minengesellschaft war erfüllt, und seine nächste Stellung verschlug ihn nach Washington D.C. ins Bureau of American Republics (heute die Pan American Union). Es war eine Arbeit, die ihn mehr oder weniger an den Schreibtisch fesselte.

Das stellte Harriet vor die Aufgabe, für das Material, das sie im Lauf ihrer Rundreise durch Mittel- und Südamerika so gewissenhaft gesammelt hatte (darunter 3000 Fotos), irgendeine Verwendung zu finden. Wenn sie ihrem Vorsatz treu bleiben wollte, das Reisen niemals aufzugeben, war es außerdem von maßgeblicher Bedeutung, Geld zu verdienen.

Beherzt wandte sie sich an die National Geographic Society, eine Organisation, die 13 Jahre jünger war als sie selbst, und mit ihren lebhaft formulierten Briefen gelang es ihr, die Neugier des Präsidenten der Gesellschaft, Gilbert H. Grosvenor, zu wecken. Auf seine Einladung hin hielt sie noch im selben Jahr mit Unterstützung der Society vor einem begeisterten Publikum ihren ersten Vortrag.

Bald führte der Erfolg, den sie als öffentliche Referentin unter der Schirmherrschaft der Society genoss, zu einer verstärkten Nachfrage: Alle möglichen Gruppen im ganzen Land wollten Harriets anschauliche Vorträge hören.

Wachsende Anerkennung veranlasste sie 1911, von ihren Fachkenntnissen über die südliche Hemisphäre Gebrauch zu machen. Sie ergriff vor den versammelten Repräsentanten der Pan-American Commercial Conference das Wort zu Fragen des Handels mit Lateinamerika – und erhielt von ihnen stehende Ovationen, die sie in hohem Maße beglückten. Für die 35-jährige Harriet zählte allerdings noch mehr, dass sie die Ehre hatte, auf demselben Podium zu sitzen wie der amerikanische Präsident William Howard Taft.

Die ersten sechs Beiträge, die sie zu Beginn ihrer regelmäßigen Tätigkeit für den *National Geographic* verfasste – insgesamt sollte sie in 28 Jahren 21 Artikel schreiben –, basierten auf den zwischen 1904 und 1906 gemachten Reisebeobachtungen. Und als sie ihre Bemühungen schließlich für die Society in neue Bahnen lenkte, tat sie das auf ziemlich spektakuläre Art. Mit dem Beitrag „In French Lorraine: That Part of France Where the First American Soldiers Have Fallen" („In Lothringen, dem Teil Frankreichs, in dem die ersten amerikanischen Soldaten fielen"), der 1917 in der November-/Dezember-Ausgabe erschien, gab sie ihr Debüt als Kriegsberichterstatterin.

Harriet reiste 1916 nach Frankreich, zwei Jahre nach Beginn des Ersten Weltkriegs. Entschlossen mit dem „magischen kleinen gelben Buch" winkend, das ihre Papiere und ihre Legitimation als Redakteurin des Magazins enthielt, durfte sie als einzige Journalistin Soldaten an der Front aufsuchen und Kampfhandlungen fotografieren, an denen die Franzosen beteiligt waren.

In Nancy, wo sie untergebracht war, wurde sie eines Tages von einem feindlichen Artillerieangriff überrascht und musste sich in einen Keller flüchten, in dem 26 weitere Personen, ein Hund und ein Kanarienvogel Unterschlupf gesucht hatten.

„Noch nie hatte ich etwas so Unheimliches wie den Klang dieser gigantischen Granaten gehört", schrieb sie, „jede von ihnen zerschmetterte Häuser und Menschen ... Wir saßen auf Kisten. Es gab eine Lampe, und in einer Ecke sah ich ein kleines Fass und einen Sack, die offensichtlich Wasser und Lebensmittel enthielten, sowie eine Spitzhacke.

Wie, fragte ich mich, könnten wir uns mit dieser einen Spitzhacke den Weg nach draußen freigraben, wenn das Haus getroffen werden sollte ... Nach meiner Armbanduhr schlugen die Granaten alle sieben Minuten ein. Das Bombardement dauerte eine Dreiviertelstunde, und wir blieben nach dem letzten Einschlag, der viel näher als die anderen geklungen hatte, noch eine Weile lang im Keller."

Nachdem Harriet aus Frankreich heimgekehrt war, widmete sie sich dem Sammeln von Geld für den American Fund for the French Wounded. Meist auf eigene Kosten rührte sie in mindestens sechs Kleinstädten pro Tag leidenschaftlich für ihre Sache die Werbetrommel. Obwohl sie in der Regel anschaulich über die vom Krieg zerstörte Landschaft und die Kriegsopfer berichtete, mochte sie kein Kapital aus der Tatsache schlagen, dass sie selbst nur um Haaresbreite dem Tod entkommen war.

So erklärte sie auf Rückfragen, ob sie in so unmittelbarer Nähe des Granathagels nicht schreckliche Angst verspürt habe, bescheiden, dass ihr vorübergehender Mut „angesichts Tausender Französinnen, die in Städten leben, welche ohne Unterlass bombardiert werden", nicht viel zähle.

Seit 1909, lange bevor sie zum Kriegsschauplatz aufbrach, hatte Harriet eine Schwindel erregende Anzahl von Meilen zurückgelegt. Damals war sie allein nach Südamerika zurückgekehrt, um für die National Geographic Society über „The First Transandine Railroad from Buenos Aires to Valparaiso" – die erste Bahnlinie über die Anden von Buenos Aires nach Valparaiso – zu berichten. Zurück in den Staaten, „würzte" sie farbige Reiseanekdoten mit Fotografien von ihrer Tour und nahm ihr Publikum auf diese Weise einmal mehr für sich ein. So berichtete sie beispielsweise amüsiert über einen Cafébesitzer in Buenos Aires, der in seinem Bemühen, sich auf den Strom amerikanischer Touristen vorzubereiten, die in jenem Jahr dort wegen der neuen Eisenbahnlinie erwartet wurden, nach einer Beratschlagung mit ortsansässigen Briten einen „glitzernden elektrischen Schriftzug" kreiert hatte. „Bratkartoffeln und Champagner" war sein ganzer Stolz, mit dem er neue Gäste anzulocken hoffte – und Harriet konnte als Beweis ein Bild davon vorzeigen.

Im Jahr darauf reiste sie mit Frank nach Kuba, Puerto Rico, Haiti und in die Dominikanische Republik. Dabei gelang es ihnen, tief im Inneren Haitis fünf *solenodons** einzufangen. (Dieses kleine Nachtsäugetier, das der Ratte gleicht, tatsächlich aber ein Verwandter des Igels ist, war in Gefangenschaft so gut wie nicht zu finden, und die Adams, die sich der Herausforderung gewachsen zeigten, schenkten ihre Exemplare dem dankbaren National Zoo und dem Bronx Zoo.)

Ebenfalls mit Frank unternahm Harriet 1913 eine sechsmonatige Reise durch den Fernen Osten, deren Höhepunkt die Fahrt mit der Transsibirischen Eisenbahn darstellte. Sie fuhren von Hawaii nach Japan und dann auf die Philippinen, wo sie drei Monate lang unter Eingeborenen lebten und über den Hang ihrer neuen Freunde zur Kopfjagd nachsannen. Auf dem Weg nach Singapur statteten sie Borneo einen Besuch ab und gelangten schließlich via Hongkong und Shanghai in die menschenleere Mandschurei.

In den frühen 1920er-Jahren reiste Harriet mit ihrer Schwester Anna ein Jahr lang durch Französisch- und Spanisch-Marokko und war ganz begeistert von der Wüste. Besonders verlockend erschienen ihr die Geheimnisse des alten Fez mit

---

*dt. Haiti-Schlitzrüssler (Solenodons paradoxus)

seinen „Mauern innerhalb von Mauern", „verborgenen Gärten" und dem betörenden „Klang rinnenden Wassers". Die Schwestern, die die Fahrt in einem freundlichen, aber zu Pannen neigenden Fernbus verbracht hatten, konnten nach ihrer Ankunft eine ganze Reihe aufregender Geschichten erzählen: Die Tickets für die Fahrt hatten sie in einem Frisiersalon gekauft, der fast 500 Kilometer vom tatsächlichen Abfahrtspunkt entfernt lag.

Solch schillernde Episoden waren Wasser auf Harriets Mühlen und beflügelten sie in ihrer Reiselust. Und da sie ihr Leben darauf ausgerichtet hatte, immer auf Achse zu sein, schien nur eines sie aufhalten zu können – etwas das auch der Krieg nicht geschafft hatte: eine ernsthafte Verletzung.

„Sie werden nie wieder laufen können." Dieses schrecklichen Befund bekam sie 1927 von ihrem Arzt zu hören, als sie auf den Balearen von einer Klippe gestürzt war. Sie wurde mit gebrochenem Rückgrat von spanischen Fischern gefunden, die erkannten, dass sie nicht in der Lage war, sich in der steigenden Flut fortzubewegen. Eine Zeitung berichtete: „Die medizinische Versorgung war gut gemeint, aber kaum wissenschaftlich fundiert. Niemand wusste, wie schwer sie verletzt war, niemand hatte einen Röntgenapparat, um es herauszufinden."

Doch wie sich herausstellte, war nicht einmal diese Katastrophe für die 55-jährige Weltreisende ein Rückschlag auf Lebenszeit, obwohl sie zwei Jahre lang fest auf ein Brettergestell geschnallt war, das die Bewegungsfreiheit einschränkte, und sich nicht rühren durfte. Während ihrer Genesung blieb sie als Vorsitzende der Society of Women Geographers so aktiv wie möglich; diese Gruppe hatte sie zwei Jahre zuvor aus Enttäuschung darüber, dass Frauen nur selten als Vollmitglieder in andere geographische Gesellschaften aufgenommen wurden, mit ins Leben gerufen.

Im Sommer 1928 sagte Harriet getreu ihrem Motto „Ich werde wieder auf Reisen gehen" der Invalidenrolle resolut Adieu und brach allein auf, um sieben Monate lang Spanien, Afrika und Kleinasien zu erkunden. Die fast ununterbrochenen

NGS IMAGE COLLECTION

In Paraguay tauschte Harriet Chalmers Adams beim Kapitän eines Dampfers eine Flasche Rum gegen einen jungen Grison-Marder ein, der sich in ihrer Hand windet. Dieses heiß geliebte „Haustier", das sie auf den Namen Miss Bichy Mosqui taufte, war ihr Reisebegleiter, bis es 1934 unglücklicherweise an giftigem Tukan-Eintopf starb.

Schmerzen ignorierend, stürzte sich weiterhin hartnäckig mitten ins Geschehen und fuhr im Jahr darauf gemeinsam mit Frank zum wiederholten Mal nach Spanien und Portugal.

Nachdem Frank sich in Richtung Washington D.C. verabschiedet hatte, reiste sie weiter zu noch unbekannten Zielen. Sie fuhr nach Rumänien, in die Türkei, nach Syrien und nach Libyen und setzte schließlich ihren lang gehegten Plan in die Tat um, „alle Länder in der Alten oder Neuen Welt, in Europa, Asien, Afrika sowie die Meeresinseln" zu sehen, die jemals zu Spanien oder Portugal gehört hatten.

In dem lebendigen Bericht über ihren Aufenthalt in „*Cirenaica, Eastern Wing of Italian Libya*" (Juni 1930) für den National Geographic bezeichnete Harriet diese Region als „Terra incognita für alle außer die verschiedenen Völker, die sie seit Jahrhunderten ‚Heimat' nennen", und – mit Stolz –, als einen Ort, „an dem Touristen noch nicht in Erscheinung treten".

Als Frank schließlich Anfang 1934 ankündigte, die Pan American Union zu verlassen und in Ruhestand zu gehen, brachten er und Harriet all ihre Reisetagebücher, Aufzeichnungen, Forschungsergebnisse und Fotografien in einen Lagerraum, weil sie natürlich vorhatten, ihre Zeit im Ausland zu verbringen. (Tragischerweise wurde das gesamte Archiv durch einen Wasserschaden eine Woche später unwiederbringlich zerstört, sodass von ihren Leistungen lediglich ihre publizierten Schriften und sechs weitere Sammelalben zeugen.)

In den letzten Jahren ihres Lebens, als ihre Reisen sie vom Nahen Osten auf die Britischen Inseln, vom Balkan nach Südfrankreich führten, begann selbst die rastlose Harriet sich schmerzlich nach dem Land ihrer Geburt oder einem festen Wohnsitz zu sehnen. Doch Frank Adams Befürchtungen, die Vereinigten Staaten würden sich als zu teuer für sie erweisen, gewannen die Oberhand über ihre Sehnsüchte. Das Ehepaar fuhr fort zu reisen, und eines Tages beteuerte Harriet einem Freund in einem Brief: „Wir sind so reich dadurch, dass wir einander haben."

Plötzlich niedergestreckt durch ein Nierenleiden, starb Harriet Chalmers Adams – genauso wie die amerikanische Globetrotterin Fanny Bullock Workman – an der französischen Riviera, kurz nachdem sie, aus Athen kommend, dort eingetroffen war. Sie war 62 Jahre alt, als ihr Körper heim nach Stockton überführt und dort begraben wurde.

Harriet Chalmers Adams war „aus reiner Freude am Reisen", wie sie einst sagte, kreuz und quer durch die Weltgeschichte gezogen. Von klein auf hatte sie intuitiv gewusst, dass das Schicksal sie dazu bestimmt hatte, etwas Besonderes zu werden – die „Vagabunden-Lady". ■

„Stell dir vor, wie es ist, unter blauem Himmel am Rand einer Klippe zu stehen und Vögel bei ihrem mühelosen Dahingleiten in diesem Ozean aus Luft zu beobachten. Stell dir vor …abzuheben, über schroffe Gipfel und Baumwipfel zu schweben und immer weiter zu gleiten. Genau das tue ich im Meer; es ist etwas, das jeder tun kann.“

SYLVIA A. EARLE

*1935

„ZUERST KONNTE ICH nichts sehen außer einer straff gespannten weißen Ankerleine und trübem, grün-grauem Wasser über und unter mir, als ich mich Hand für Hand durch wachsende Finsternis ‚abseilte'. In 36 Meter Tiefe wurde es seltsamerweise heller, dann weiß wie ein Schneefeld, das sich in alle Richtungen erstreckte.

Plötzlich wurde mir klar, worum es sich bei dem Schneefeld handelte – um Millionen von Tintenfischeiern. Ich ließ die Ankerleine los und schwamm hinab in einen Wall aus zylinderförmigen Trauben weicher Eier, wovon jedes Hunderte sich entwickelnder Jungtiere enthielt. Ich war in einer Meeres-Entbindungsstation von kolossalen Ausmaßen gelandet."

Verbringt man einige Zeit mit der Meeresbiologin und Tiefseeforscherin Sylvia Earle, so kommt einem der Ozean schon bald wie eine riesige Wasserschüssel vor, aus der wie bei einem Kindergeburtstag immer neue Späße und Überraschungen auftauchen.

Schon als Kind begeisterte sie das Leben, das in Teichen wimmelte. Noch heute, Jahrzehnte später, weckt Seetang in ihr das gleiche Interesse wie früher. Tausende von Stunden unter Wasser vermochten sie buchstäblich nicht zu erweichen. Und ob sie nun leidenschaftliche Grundsatz-Predigten über die zentrale Bedeutung der Ozeanforschung für die Zukunft des Planeten hält oder Unterstützung für ihren Kreuzzug zur Förderung der Einrichtung von mehr Ozeanarien und Wasserschutzgebieten einfordert – sie hat die bemerkenswerte Gabe, sogar Seegras sexy erscheinen zu lassen.

Als Sylvia, die von Kollegen mit dem Spitznamen „Hoheit der Tiefe" bedacht wurde, von 1990 bis 1992 die Forschungsleitung der National Oceanic and Atmospheric Administration innehatte, nannte man sie auch die US-„Stör-Generalin".

Seit ihrem ersten Tauchgang als 17-Jährige in Florida im Weekiwachee River, bei dem sie einen geborgten Helm trug und frontal auf einen Alligator stieß, festigte sie ihren königlichen Status, indem sie in aller Welt Tauchrekorde aufstellte und dabei in Tiefen vordrang, die bis dahin als tödlich gegolten hatten.

1970 verbrachte sie mit vier anderen Ozeanographinnen zwei arbeitsreiche Wochen in einer Versuchsbehausung unter Wasser. Während dieses von viel Publicity begleiteten Aufenthalts (der Boston Globe trumpfte auf mit „Beacon Hill Housewife to Lead Team of Female Aquanauts" – Hausfrau aus Beacon Hill leitet Aquanautinnenteam; dabei bezog er sich auf Dr. Earle, die zu dieser Zeit an den Universitäten Harvard und Radcliffe Forschungsstipendien innehatte) konnte sie mit der gleichen Berechtigung wie jeder Fisch ein Korallenriff als Adresse nennen. (Sogar als sie 1998 dazu auserkoren wurde, vor Ort für die National Geographic Society als Forscherin tätig zu werden, akzeptierte Sylvia Earle diese Ehre nur unter der Bedingung, dass ihr erlaubt werde, die See als ihren offiziellen „Wohnsitz“ anzugeben.)

Trotz ihrer „freundschaftlichen Beziehungen“ zu einigen der mehr als 25 000 Fischarten – darunter auch Störe –, mit denen sie im Laufe der Jahre zusammenlebte, schlug Sylvia Earle gelegentliche Essenseinladungen an Land nicht aus. Wurde sie, was häufig vorkam, gefragt, ob sie je Fisch äße, lautete ihre pointierte Antwort sinngemäß: „Dann und wann, aber keinen, den ich persönlich kenne.“ Heute sagt sie: „Es ist mir lieber, ich sehe all das Meeresgetier lebendig in der See herumschwimmen statt in Butter mit Zitronenscheiben.“

„Ohne Spezialausrüstung können Menschen wie die meisten anderen Lebewesen, die Luft zum Atmen brauchen, nicht lange unter Wasser ausharren. Mit etwas Übung vermag ich die Luft ungefähr eine Minute lang anzuhalten – Zeit genug, umherzuschwimmen, den Grund in neun bis 18 Meter Tiefe zu erreichen und dann schnell wieder zur Oberfläche, zum Sonnenlicht, zur Luft zurückzukehren. Schon immer tauchen Menschen in allen Ozeanen der Welt, manche wesentlich tiefer, manche länger als andere. Trotzdem sollte man nicht vergessen“, weist Sylvia Earle darauf hin, dass, selbst wenn wir uns überhaupt nicht in der Nähe des Meeres befinden, „jeder unserer Atemzüge“ damit in Verbindung steht. Angespornt durch ihr eigenes Verständnis dieser weit reichenden Wahrheit, hat sie es sich zur besonderen Aufgabe gemacht, der entscheidenden Rolle, die Ozeane für die Unversehrtheit des Planeten spielen, zu größerer Anerkennung zu verhelfen.

„Es gibt eine Menge Wasser ohne jegliches Leben im Universum, aber es gibt nirgendwo Leben ohne Wasser ...Deshalb sind die Ozeane wichtig. Wenn das Meer krank ist, spüren wir es. Wenn es stirbt, sterben auch wir. Unsere Zukunft und der Zustand der Meere sind eins.“

Manchmal, sagt sie, habe sie versucht, sich vorzustellen, was intelligente außerirdische Wesen wohl dächten, wenn sie die Erdoberfläche aus weiter Ferne betrachteten. „Von ihrer himmlischen Warte aus könnten sie sofort sehen, was viele Erdlinge nie zu begreifen scheinen: dass dieser Planet von Salzwasser beherrscht wird."

So bleibt es für eine so engagierte und unermüdliche Meeresforscherin wie Sylvia Earle eines der größten ungelösten Mysterien der See, dass ihre Mitmenschen so teilnahmslos auf die Krise der Ozeane reagieren. Dass es ihnen an jeglichem Sinn für die Notwendigkeit mangelt, mehr über die Meere zu erfahren, auf denen sie segeln, die sie überfliegen, deren Fische sie essen und in denen sie schwimmen, will ihr nicht in den Sinn. „Die bei weitem größte Bedrohung für die See und die Zukunft der Menschheit ist Ignoranz."

Indem sie den mit dem Meer verbundenen Ursprung „jedes Atemzugs" betont, vertritt sie offensichtlich eine Wahrheit, die für sie persönlich verbindlich ist und zugleich höheren, objektiven Kriterien gerecht wird. Schließlich hat diese Frau neunmal unter Wasser gelebt.

„Vom Standpunkt der Fische aus", schrieb sie, „war ich eine geräuschvolle Erscheinung aus dahinjagenden Luftblasen, einem riesigen Taucherhelm mit Schlauch und Beinen, doch ich wollte nicht auffallen und bewegte mich so gleichmäßig wie möglich auf sie zu. Dann passierte etwas Unerwartetes. Zunächst drehte sich einer der Fische, an die ich mich herangepirscht hatte, um und schwamm in meine Richtung, dann ein zweiter und schließlich alle. Ich sollte sie beobachten und fand mich plötzlich in der Rolle der Beobachteten wieder, stand im Mittelpunkt der Aufmerksamkeit neugieriger Fische, die offensichtlich von dem seltsamen blubbernden Wesen, das gerade durch ihr Wasserdach gefallen war, fasziniert waren. Zwanzig glückselige Minuten lang war ich eins mit dem Fluss und seinen Bewohnern, wogte mit dem Strom, verschmolz mit ihm – und atmete!"

„Wie die meisten Kinder", erinnert sich Sylvia, „war ich hingerissen von Krabbeltieren: Teufelskrabben, Seesternen,

Aalen, blauen Krabben, Sandfliegen, großen Quallen." In einer Geschichte, die sie häufig erzählt, ist ein Augenblick zu Beginn ihrer rasch fortschreitenden Meeresbesessenheit wie auf einem Schnappschuss eingefangen.

Sie wurde 1935 geboren und wuchs nahe der Küste auf einer Farm in New Jersey auf. Als Dreijährige spielte sie eines Tages am Strand, als plötzlich aus heiterem Himmel eine Atlantikwelle heranbrandete und sie umwarf. „Ich purzelte in der Brandung herum, geriet in Panik und wusste nicht mehr, wo oben und unten war. Doch als ich wieder zu Atem gekommen war, sprang ich erneut ins Wasser."

Selbstverständlich ist es ihr als Verdienst anzurechnen, dass sie in so zartem Alter mutig dem Ozean trotzte. Doch gleichzeitig hatte sie wohl instinktiv begriffen, dass das wirbelnde Wasser – dieses kraftvolle und Furcht erregende, unergründliche Etwas, dessen wahres Gesicht noch geheimnisvoll im Verborgenen lag – lediglich versuchte, ihre Aufmerksamkeit zu erregen.

Als sie älter wurde, begann sie Literatur über die See zu entdecken. Zwei Bücher vor allem trugen mit der Schilderung jener Geheimnisse, die sie in den Wellen erwarteten, zur weiteren Steigerung ihrer Faszination bei. Eines von ihnen, *923 Meter unter dem Meeresspiegel,* berichtet über den 1934 unternommenen Tauchgang des Autors, des Zoologen William Beebe, der in einem stahlverkleideten Tauchboot, der *Bathysphere,* die Rekordtiefe von 923 Metern erreichte. Das andere Buch, *Stärker als das Meer* (1953; Originalausgabe 1929) stammt von einem Kommandanten der US-Marine, Edward Ellsberg, und fesselte sie mit seinen Geschichten über Bergungseinsätze in der Tiefsee.

Als ihre Familie 1948 nach Dunedin, einer kleinen Stadt unweit von Tampa Bay an der Westküste Floridas, umzog, war Sylvia daher Feuer und Flamme, hatte sie den Golf von Mexiko doch nun vor der Haustür und war entschlossen, jeden erdenklichen Vorteil aus dieser Tatsache zu ziehen.

Allerdings bedurfte es eines ersten wirklichen Tauchgangs und eines kupfernen Tauchhelms von einem Freund ihres Vaters, der schwer auf ihre nackten Schultern drückte, um ihr vor Augen zu führen, dass die Furcht, die ihre Vorfreude geschmälert hatte, bis zu einem gewissen Grad berechtigt war. Hingerissen von allem, was sie im klaren Wasser am Grund des Flusses erspähte (und von dem sie wiederum beobachtet wurde), begriff sie – fast zu spät –, dass ihre Benommenheit nicht nur aus der Glückseligkeit resultierte, dass ein lang ersehnter Augenblick nun wahr geworden war. Man zog sie hoch und stellte fest, dass eine Mischung toxischer Gase in ihren Sauerstoffvorrat gesickert war. So lernte sie ihre erste wichtige Lektion: „reine Luft" niemals für selbstverständlich zu halten.

Glücklicherweise las Sylvia im selben Jahr, 1952, in Jacques-Yves Cousteaus Buch *Die schweigende Welt* voller Spannung, dass dieser kurz zuvor ein weniger klobiges Tauchgerät erfunden hatte, das Unterwasserbeobachtungen erleichtern sollte. Bald streifte Sylvia als 18-jährige Studentin im Florida State University's Alligator Harbor Marine Laboratory die dort vorhandene Ausrüstung über, entschlossen, damit zurechtzukommen. Das geschah im Jahr 1953, und der „Drang zu tauchen", dem sie freien Lauf ließ, war im Begriff, zum entscheidenden Impuls für ein Lebenswerk zu werden.

1969 war Earle zum zweiten Mal verheiratet und hatte drei Kinder zu versorgen. Darüber hinaus war sie eine „sturmerprobte" Veteranin der „entzückenden, lebendigen Salzwassersuppe", wie sie das Meer nennt. Als Algenspezialistin hatte sie drei Jahre vorher an der Duke University als Biologin promoviert, nachdem sie ihre Dissertation zum Thema „Phaeophyta of the Eastern Gulf of Mexico" abgeschlossen hatte.

Es ist ihrem zweiten Ehemann Giles Mead, der damals Kurator der Abteilung für Fische am Harvard's Museum of Comparative Zoology war, zu verdanken, dass sie vor dem Schwarzen Brett stehen blieb und eine Ankündigung der zweiten

Phase des Tektite-Projekts las. Für diese Tauch-Belastbarkeitsstudie, an der sich die US-Marine und die NASA, das Innenministerium und andere Behörden finanziell beteiligten, wurden Bewerber zur Durchführung unabhängiger Forschungsprojekte im Sommer 1970 gesucht. Wurde ihre Bewerbung anerkannt, konnte sie sich auf etwas freuen, von dem sie bis dahin nur geträumt hatte – eine Unterwasserbehausung, die das gewohnte Forschen mit der Stoppuhr überflüssig machte und einen jederzeit „offenen" Zugang zum Meer bot.

„Zwei Wochen! Nicht nur drei- oder viermal am Tag ungefähr eine halbe Stunde am Stück rein und dann wieder raus, sondern den ganzen Tag, jeden Tag und die ganze Nacht. 14 Tage ununterbrochen unter Wasser! Was für eine Idee!", dachte sie bei sich.

Das Einzige, womit Sylvia nicht gerechnet hatte, war die Vorstellung, dass das Zusammenwohnen von Frauen und Männern, selbst wenn es sich um Wissenschaftler handelte, als unschlicklich gelten könnte. Um konventionellen Vorstellungen zu genügen, schloss sie sich einem rein weiblichen Team an; die vier weiteren Mitglieder waren wie sie selbst Studentinnen der Ozeanographie.

Während ihrer vom Mond beschienenen nächtlichen Tauchgänge beobachteten Earle und ihre Kolleginnen begeistert, wie Blaue Chromis echte Feinde von Attrappen unterschieden oder Papageifische in schwebenden, klebrigen Kokons schliefen, in die sie sich eingesponnen hatten. Tatsächlich glich das Korallenriff in erster Linie einem billigen Motel, in dem neue Gäste für kurze Zeit ihre Nischen aufsuchten, noch bevor – bildlich gesprochen – nach Abreise ihrer Vorgänger der-Bettbezug gewechselt worden war. Sylvia Earle bezeichnete das als „Schlafen im vorgewärmten Bett", und es verleitete zu amüsanten Beobachtungen. „Wenn man lange genug unter Wasser bleibt", sagt sie, „erkennt man einzelne Fische wieder ...als ganz besondere Wesen, deren Gewohnheiten einem so vertraut werden wie die von Nachbarn ..."

Das Tektite-Laboratorium befand sich in 15 Metern Tiefe und war über ein Kabelsystem mit der 180 Meter entfernten Küste verbunden. In der kleinen, aber gut ausgestatteten Unterkunft (Musik vom Band und Gefrierkost von Stouffer's gehörten zu den Annehmlichkeiten) standen die Frauen rund um die Uhr unter Beobachtung. Sie waren ebenso Teil des Tektite-Experiments wie die Blauen Chromis.

Als der traurige Moment des Abschieds kam, mussten Sylvia und die anderen Aquanautinnen zunächst in eine offene Taucherglocke in der Nähe schwimmen, die dann abgeriegelt wurde. Erst dann durften sie in eine Kammer an der Wasseroberfläche überwechseln, in der gleiche Druckverhältnisse herrschten. Die anschließende Dekompressionsphase dauerte fast einen ganzen Tag.

„Das war kein schlechter Handel: 21 Stunden lang in einem metallenen Dekompressionszylinder zu ‚parken', um 336 Stunden am Stück unter Wasser bleiben zu können. Auf Reisen war ich schon wesentlich länger in anderen Metallzylinder-Gefängnissen eingeklemmt gewesen – in Flugzeugen –, um dann viel weniger Zeit zum Tauchen bei fernen Riffen zur Verfügung zu haben."

Fast zehn Jahre später gab Sylvia Earle sich mit zweieinhalb Stunden in den Gewässern vor Oahu auf Hawaii zufrieden – allerdings nicht in 15 oder gar 30 Metern Tiefe (dem von der Tektite erreichten Maximum). Vielmehr spazierte sie auf diesem alle Rekorde brechenden Tauchgang in einem bizarr und futuristisch anmutenden „Jim Suit" (benannt nach Jim Jarratt, der diesen Panzertauchanzug als Erster trug), der mit einem bemannten Tauchboot verbunden war, 380 Meter unter der Wasseroberfläche auf dem Meeresboden herum. Der Wasserdruck außerhalb des Jim Suit betrug etwa 38 Bar.

„Sylvia hat wirklich Nerven wie Drahtseile", sagte einst ihr langjähriger Tauchpartner, der Fotograf Al Giddings, zu einem Journalisten. Sogar er, der bei vielen der von ihm als „ziemlich

AL GIDDINGS / AL GIDDINGS IMAGES, INC.

Sylvia Earle fängt in australischen Gewässern eine Seeschlange. Seeschlangen sind außerordentlich giftig, und bisher wurden – anders als im Falle von „Landschlangen" – nur wenige Seren entwickelt, um die schmerzhaften Auswirkungen ihres Giftes zu bekämpfen.

haarig" bezeichneten Tauchgänge Sylvias dabei war (darunter auch bei der Konfrontation mit Haien sowie dem Experiment, sich längere Zeit den Tiefen des Ozeans auszusetzen), war ungewohnt nervös, bevor er neben ihr in das Tauchboot stieg. So schildert Sylvia die ersten Momente in tiefster Tiefe nach ihrem Ausstieg:

„150 Meter, es geht weiter in die Tiefe. Eine Stimme füllt die Kuppel um meinen Kopf: ‚Wie fühlst du dich?'

Am liebsten würde ich antworten: ‚Grandios! Fantastisch!' Doch ich sage mit der Würde, die einem wissenschaftlichen Experiment gebührt: ‚Gut, keine Probleme', und lasse mich weiter sinken."

Sylvia war die Erste, die den 545 Kilogramm schweren „Jim Suit" im offenen Meer trug. Vorher war er bei der Bergung von U-Booten und der Ölförderung in einiger Entfernung von der Küste eingesetzt worden und immer mit einer Basisstation an der Wasseroberfläche verbunden gewesen. Sylvia jedoch kamen die zweieinhalb Stunden, die sie im „Jim Suit" umherstreifte, wie kaum 20 Minuten vor.

Ob sie mit Krabben sprach, die genauso gut gepanzert waren wie sie selbst („Ich glaube, ich weiß, wie du dich fühlst", witzelte sie im Stillen, als eine von ihnen ihren Weg kreuzte), oder die blauen Lichtblitze bewunderte, die die spiralförmigen Stiele von *Lepidisis olap*, einer Korallenart, abgaben – das Schauspiel, das sich ihren Augen bot, und die Freude, die ihr bahnbrechender Tauchgang ihr bescherte, machten sie allem anderen gegenüber blind. Dennoch war sie sich stets bewusst, dass der Raum, in dem sie diesem Vergnügen frönte, für den Rest ihrer eigenen Spezies genauso weit entfernt war wie irgendeine ferne Galaxie.

Nachdem sie eine amerikanische Flagge in den Meeresboden gesteckt hatte, kehrte sie mit einem Stück *Lepidisis olapa* an die Wasseroberfläche zurück und schenkte es der National Geographic Society. (Heute ist es in einem passenden Glasbehälter in deren Bibliothek ausgestellt.) Sieben Jahre später, 1986, gedachte sie ihrer furchtlosen Expedition mit dem „Jim Suit" auf ganz andere Weise –sie heiratete Graham Hawkes, den Engländer, der den Tauchanzug entworfen hatte. Mit ihm hatte sie bereits das Unternehmen Deep Ocean Engineering gegründet, das sich der Konstruktion so innovativer, leicht zu bedienender Tauchboote wie *Deep Rover*, *Phantom* und später *Deep Flight* widmete.

Obwohl sie sich 1990 von Hawkes trennte, wirkt Earle – über die Al Giddings einmal sagte, sie „bewegt sich mit zehnfacher Schallgeschwindigkeit" – nicht sehr überzeugend, wenn sie behauptet, keine „Superfrau" oder kein „Supermensch" zu sein. 1992 gründete sie das Unternehmen Deep Ocean Exploration and Research zur wissenschaftlichen Beratung und Leitung ozeanographischer Expeditionen.

Seit ihrer Kindheit trieb „die Vision, das Leben im Ozean verstehen zu wollen" sie an. Doch genauso wichtig war es für sie, zu begreifen, dass ihr Temperament eher nach „wahrer Forschung" verlangte als danach, mit „diesen Dingen, die an den Strand gespült wurden" eine Art wissenschaftliches Ratespiel zu treiben. Und obwohl sie unzählige Male in einem häufig kalten und dunklen, zwangsläufig feuchten Reich ein und aus ging, über das sich keine Voraussagen treffen ließen und in dem „Organismen [leben], die in uns vielleicht einfach etwas Essbares sehen", spielte Mut in ihren Überlegungen keine Rolle. „Ich fürchte mich mehr, wenn ich Tag für Tag auf dem Highway fahre", behauptet sie.

Sylvia Earle, die ihre Gedanken in so anrührend ausdrucksstarker Weise schildert, vermag sogar statistischen Daten Poesie einzuhauchen. Für sie steigert sich mit jeder Stunde unter Wasser „das Entzücken, wenn eine Entdeckung zur nächsten führt [und] jedes neu entdeckte Teilchen einer Information einem bewusst macht, dass es noch Dutzende unbekannter Teilchen zu finden gilt".

„Das, was wir mit eigenen Augen von der Welt des Meeres gesehen haben, entspricht [im Hinblick auf die Größenordnung] ungefähr dem Bereich innerhalb der Stadtgrenze von Baltimore", führt sie aus und fügt dann trocken hinzu: „Nur muss man oben anfangen und sich nach unten durcharbeiten." ■

NACHWORT

Susan Fifer Canby, Bibliotheksleitung
NATIONAL GEOGRAPHIC SOCIETY

KANN – AUSGERECHNET – EINE BIBLIOTHEKARIN in ihren stillen, von Büchern gesäumten Wänden einem so exotischen Gebiet wie Entdeckungs- und Forschungsreisen auf die Spur kommen? Sie kann, wenn die Wände jene der National Geographic Society sind und die Werke, die sie säumen, die Tagebücher, Briefe und Bilder historischer und zeitgenössischer Forschungsreisender enthalten, deren Verwegenheit häufig übersehen wurde, weil sie Frauen waren.

Diese Bücher sind Ursprung und Kernstück von *Unter Kannibalen.* Sie wurden verfasst von einigen der weltweit kühnsten Abenteurerinnen, von Frauen, die nicht nur Gefahren und Entbehrungen in abgelegenen Ländern meisterten, sondern auch die Zwänge einer Gesellschaft hinter sich ließen, die ein solch unorthodoxes Verhalten meist misstrauisch beäugte.

Fast zufällig stieß ich während der Arbeit in den Beständen der ausgezeichneten Bibliothek der Society, die ich mehr als 25 Jahre leitete, auf dieses viel versprechende Thema. Zwischen den bekannten Arbeiten von Peary, Byrd und anderen männlichen Forschern fand ich Texte von Frauen, die der Öffentlichkeit weitgehend unbekannt, aber nicht weniger aufregend waren.

Es lag auf der Hand, dass diese und viele andere wunderbaren Berichte den Stoff für ein längst überfälliges Buch ergaben. Ich fragte mich, was jene Frauen dazu motiviert hatte, den Komfort und die Sicherheit eines Zuhauses aufzugeben und lange, anstrengende und oft gefährliche Reisen zu unternehmen. Ich dachte darüber nach, auf welche Weise die frühen Globetrotterinnen das Terrain für moderne Abenteurerinnen vorbereitet hatten. Auch erfüllte es mich mit Freude, dass es im Laufe der mehr als 110 Jahre währenden Geschichte der

National Geographic Society oft eine Verbindung zwischen ihr und den Abenteurerinnen gab.

Sicherlich eröffnete ihnen das Reisen in ferne Länder Freiheiten und Abenteuer, die zu Hause undenkbar waren. Häufig schienen sie von dem Wunsch getrieben, Nachteilen, die ihnen durch ihr Geschlecht erwuchsen, oder persönlicheren Zwängen, etwa Kummer oder familiären Verpflichtungen, zu entkommen. Während Forscher traditionell die Unterstützung durch Regierungen oder gelehrte Gesellschaften genossen, schienen Frauen unbelasteter von Erwartungen zu reisen. Sie waren frei, mit anderen Kulturen in Kontakt zu treten, vor allem anderen Frauen, und zwar auf eine Weise, die Männern unmöglich war. Die Tatsache, dass die Forscherinnen selbst als harmlos oder als Kuriosum erachtet wurden, erleichterte ihnen das Gespräch und eröffnete ihnen meist den Zugang zu privateren oder Alltagsbräuchen der Gesellschaften, deren Leben sie bei ihren Reisen von Land zu Land teilten.

Ungeachtet dessen setzten die Frauen das Reisen fort. Mit der Zeit verbesserten sie ihre geographischen Kenntnisse, setzten neue Ideen in die Welt und trugen zur weiblichen Emanzipation bei, indem sie als Frauen in traditionell männlichen Rollen zunehmend Anerkennung erhielten. Auf diese Weise bereiteten sie den Boden für zeitgenössische Abenteurerinnen. Unter ihnen sind viele, mit denen die Society zusammengearbeitet hat und deren Geschichten dieses Buch vorstellt.

Die National Geographic Society nimmt Berichte von und über diese „modernen" Frauen mit Freude in ihrem Reise- und Abenteuerarchiv auf, während sie den Pionierinnen der Vergangenheit ehrend gedenkt.

So enthält das folgende Literaturverzeichnis auch Reiseberichte aus der Bibliothek der National Geographic Society. ■

LITERATURVERZEICHNIS

Adams, Harriet Chalmers
Beiträge für den *National Geographic:* „European Outpost: The Azores", Jan. 1935, S. 35–66; „Madeira the Florescent", Juli 1934, S. 81–106; „River-Encircled Paraguay", April 1933, S. 385–416; „Madrid Out-of-Doors", August 1931, S. 225–256; „Cirenaica, Eastern Wing of Italian Libya", Juni 1930, S. 689–726; „Barcelona, Pride of the Catalans", März 1929, S. 373–402; „An Altitudinal Journey Through Portugal", November 1927, S. 567–610; „Across French and Spanish Morocco", März 1925, S. 327–356; „Volcano-Girded Salvador", Februar 1922, S. 189–200; „The Grand Canyon Bridge", Juni 1921, S. 645–650; „Rio de Janeiro, in the Land of Lure", September 1920; S. 165–210; „In French Lorraine", Nov./Dez. 1917, S. 499–518; „The First Transandine Railroad from Buenos Aires to Valparaiso", Mai 1910, S. 397–417; „Kaleidoscopic La Paz: The City of the Clouds", Februar 1909, S. 119–141; „Cuzco, America's Ancient Mecca", Oktober 1908, S. 669–689; „Some Wonderful Sights in the Andean Highlands", September 1908, S. 597–618; „Along the Old Inca Highway (Peru)", April 1908, S. 231–250; „The East Indians in the New World (Trinidad)", Juli 1907, S. 485–491.

Baker, Florence
Samuel White Baker: *Der Albert Nyanza, das große Becken des Nil und die Erforschung der Nilquellen.* Autorisierte vollständige Ausgabe für Deutschland. 2 Bde. Jena 1867.

Bird, Isabella Lucy (Bishop)
– *Eine Lady in den Rocky Mountains.* Frankfurt a. M./Berlin ?1992 (zur Zeit vergriffen).
– *Unbetretene Pfade in Japan.* Hg. u. mit einem Vorwort versehen von Angela Martin. Wien 1990.
– *Account of the Vicissitudes and Position of the Country.* London 1905.
– *The Yangtze Valley and Beyond: An Account of Journeys in China, Chiefly in the Province of Sze Chuan and Among the Man-Tze of the Somo Territory.* London 1900.–
– *The Yangtze Valley and Beyond: An Account of Journeys in China, Chiefly in the Province of Sze Chuan and Among the Man-Tze of the Somo Territory.* London 1900.

Literatur zu Isabella Bird:
Köster, Magdalena: „'Das Unschicklichste mit der größten Schicklichkeit tun'. Isabella Bird (1831–1904)". In: Härtel, Susanne/Köster, Magdalena (Hg.): *Die Reisen der Frauen. Lebensgeschichten von Frauen aus drei Jahrhunderten.* Weinheim/Basel 1994, S. 58–85.

Boyd, Louise Arner
– *The Coast of Northeast Greenland, with Hydrographic Studies in the Greenland Sea. The Louise A. Boyd Arctic Expeditions of 1937 and 1938.* New York (American Geographic Society) 1948.
– *The Fiord Region of East Greenland.* New York (American Geographic Society) 1939.
– *Polish Countrysides.* New York (American Geographic Society) 1937.

Earhart, Amelia
– *The Fun of it; Random Records of my own Flying and of Women in Aviation.* New York 1932.
– Last Flight. New York 1937.
– *20 Hrs. 40 Min.; Our Flight in the Friendship. The American Girl, First Across the Atlantic by Air, Tells Her Story.* New York 1928.
– „My Flight from Hawaii", in: *National Geographic,* Mai 1935, S. 112–135.
Literatur über Amelia Earhart:
Hof, Marion: „Amelia Earhart – Weltumfliegung". In: Aeckerle, Susanne (Hg.): *Am liebsten in der Luft. Abenteuerliche Fliegerinnen.* München 2000, S. 133–153.

Earle, Sylvia A.
– *Sea Change: A Message of the Oceans.* New York 1995.
Earle, Sylvia/Wolcott, Henry: *Wild Ocean: America'sParks Under the Sea.* Washington (National Geographic Society) 1999. Earle, Sylvia/Giddings, Al: *Exploring the Deep Frontier: The Adventure of Man in the Sea.* Washington (National Geographic Society) 1980.
Beiträge für den *National Geographic:* „Persian Gulf Pollution", Februar 1992, S. 122–134; „Undersea World of a Kelp Forest", September 1980, S. 411–426; „A Walk in the Deep", Mai 1980, S. 624–631; „Humpbacks: The Gentle Giants", Januar 1979, S. 2–17; „Life Springs from Death in Truk Lagoon", Mai 1976, S. 578–603; „All-girl Team Tests the Habitat", August 1971, S. 291–296.

Fossey, Dian
– *Gorillas im Nebel. Mein Leben mit den sanften Riesen.* München 1989.
– *The Behaviour of the Mountain Gorilla.* Darwin College 1976.

Galdikas, Biruté M. F.
– *Orangutan Odyssey.* New York 1999.
– *Meine Orang-Utans. Zwanzig Jahre unter den scheuen Waldmenschen im Dschungel Borneos.* Bern/München/Wien 1995.
Beiträge für den *National Geographic:* „Living with the Great Orange Apes: Indonesia's Orangutans", Juni 1980, S. 830–853; „Orangutans, Indonesia's ‚People of the Forest'", Oktober 1975, S. 444–473.

Momatiuk, Yva
– *This Marvelous Terrible Place: Images of Newfoundland and Labrador.* Camden East, Ontario, 1998.
– *High Country.* Sydney 1980.
Beiträge für den *National Geographic:* „Slovakia's Spirit of Survival", Januar 1987, S. 120–146; „Maoris: At Home in Two Worlds", Oktober 1984, S. 522–541; „Poland's Mountain People", Januar 1981, S. 104–129; „New Zealand's High Country", August 1978, S. 246–265; „Still Eskimo, Still Free: The Inuit of Umingmaktok", November 1977, S. 624–647.

Murphy, Dervla
– *Zweimal Kaschmir und zurück: Die abenteuerliche Reise einer Frau zu den Quellen des Indus.* München 1995 (vergriffen).
– *Aus eigener Kraft: Mit dem Fahrrad nach Indien.* München 1995 (vergriffen).
– *Das wilde Herz Europas: Ein abenteuerlicher Trip durch Transsilvanien.* München 1995 (vergriffen).
– *Unter der Sonne von Coorg: Eine abenteuerliche Reise durch Südindien.* München 1994 (vergriffen).
– *Unterwegs nach Katmandu.* München 1993 (vergriffen).
– *Im Land des Löwenkönigs:* Mit dem Maultier durch Äthiopien. München 1993 (vergriffen).
– *Cameroon with Egbert.* London 1989.
– *Muddling Through in Madagascar.* London 1985.
– *Ireland.* Salem 1985.
– *Eight Feet in the Andes.* London 1983.
– *A Place Apart.* Old Greenwich 1978.

Pfeiffer, Ida
– *Reise einer Wienerin in das Heilige Land.* Hg. u. bearbeitet von Ludwig Plakolb nach der im Verlag Jakob Dirnböck erschienenen Originalausgabe (Wien 1844). Stuttgart 1969.
– *Nordlandfahrt. Eine Reise nach Skandinavien und Island im Jahre 1845.* Hg. u. mit einem Vorwort versehen von Gabriele Habinger. Wien 1991.
– *Eine Frau fährt um die Welt. Die Reise 1846 nach Südamerika, China, Ostindien, Persien und Kleinasien* (gekürzte Fassung der Originalausgabe von „Eine Frauenfahrt um die Welt", 3 Bde., Wien 1850). Hg. von Brigitte Fürle. Wien 1989.
– *Abenteuer Inselwelt. Die Reise 1851 durch Borneo, Sumatra und Java.*

Hg. u. mit einem Vorwort von Gabriele Habinger, Wien 1993.
– *Verschwörung im Regenwald. Die Reise nach Madagaskar.* Mit einer biografischen Skizze von Hiltgund Jehle. Basel 1999.
Literatur zu Ida Pfeiffer:
– Jehle, Hiltgund: „'Ich reiste wie der ärmste Araber'. Ida Pfeiffer (1797–1858)". In: Härtel, Susanne/ Köster, Magdalena (Hg.): *Die Reisen der Frauen. Lebensgeschichten von Frauen aus drei Jahrhunderten.* Weinheim/Basel 1994, S. 32–57.
– Habinger, Gabriele: „Aufbruch ins Ungewisse. Ida Pfeiffer (1797–1858) – Auf den Spuren einer Wiener Pionierin der Ethnologie". In: Kossek/Langer/Seiser (Hg.): *Verkehren der Geschlechter. Reflexionen und Analysen von Ethnologinnen.* Wien 1989, S. 248–261.
– Jehle, Hiltgund: *Ida Pfeiffer. Weltreisende im 19. Jahrhundert.* Münster/New York 1989.
– Zienteck, Heidemarie: „Ida Pfeiffer: 1797–1858. In Eile um die Welt". In: Lydia Potts (Hg.): *Aufbruch und Abenteuer. Frauen-Reisen um die Welt ab 1785.* Berlin 1988, S. 31–47.

Thayer, Helen
– *In eisigen Weiten. Die abenteuerliche Solo-Expedition einer Frau zum Nordpol.* München 2000.

Workman, Fanny Bullock
– *Two Summers in the Ice-Wilds of Eastern Karakoram – The Exploration of Nineteen Hundred Square Miles of Mountain and Glacier.* New York 1917.
– *Peaks and Glaciers of Nun Kun – A Record of Pioneer-Exploration and Mountaineering in the Punjab Himalaya.* London 1909.
Workman, Fanny Bullock/Workman, William Hunter: *In the World of Himalaya, Among the Peaks and Passes of Ladakh, Nubra, Suru and Baltistan.* New York 1900.

Weitere Literatur:
– Keay, Julia: *Mehr Mut als Kleider im Gepäck. Frauen reisen im 19. Jahrhundert durch die Welt. Geschichten von weiblicher Entdeckerfreude und Abenteuerlust jenseits aller Konventionen.* Bern/München/Wien 1991.
– Aeckerle, Susanne (Hg.): *Strapazen Nebensache. Abenteuerliche Frauenreisen.* München/Zürich 5 1999.

FRAUEN, DIE GRENZEN ÜBERSCHRITTEN

Ein historischer Überblick

■ 38 n. Chr. – Etheria, eine Nonne, reist von Jerusalem nach Ägypten und schreibt für Pilger ein Handbuch über das Heilige Land.

■ 700 n. Chr. – Nachdem eine Nonne ihr beigebracht hatte, wie sie ein Schwert handhaben musste, reist Nieh Yinniang durch das ländliche China und kämpft für die Armen und Unterdrückten.

■ 1000 n.Chr. – Die legendäre Wikingerin Aud die Tiefgründige segelt von Norwegen nach Schottland und weiter nach Island und beansprucht Land für sich, das sie später an ihre Kinder und ihr Gefolge weitergibt.

■ 1390 – In dem Buch *Canterbury Tales* von Geoffrey Chaucer erzählen Pilger auf dem Weg zum Schrein des Thomas Becket zum Zeitvertreib Geschichten. Eine Pilgerin, die Frau aus Bath, sagt: „Wenn Frauen schrieben die Historien …Sie schrieben mehr von Männerschlechtigkeit/Als Adams Stamm zu bessern wär bereit."

■ 1492 – Königin Isabella von Spanien finanziert die Seereise von Christoph Kolumbus. Wenn ihr Heer in den Krieg zieht, schließt sie sich ihm regelmäßig an.

■ Um 1700 – Die Piratin Anne Bonny besteht zusammen mit ihrer Gefährtin Mary Read Abenteuer auf hoher See. Als ihr Piratenschiff einmal geentert wird und der größte Teil der Mannschaft unter Deck flieht, soll Anne gespottet haben: „Ihr Hunde! Hätte ich nur statt dieser Schwächlinge mehr Frauen um mich!"

■ 1704 – Sarah Kemble Knight reitet allein von Boston nach New Haven und veröffentlicht dann einen Bericht über ihr Abenteuer. Es hat den Titel *Madame Knight.*

■ 1716 – Lady Mary Wortley Montagu löst in London einen Skandal aus, als sie sich ohne ihren Ehemann nach Konstantinopel begibt. Das Erlebnis begeistert sie so, dass sie den Rest ihres Lebens durch den Nahen Osten reiste, häufig in Landestracht.

■ 1784 – Elizabeth Thible aus Lyon in Frankreich erhebt sich als erste Frau mit einem Heißluftballon in die Lüfte.

■ 1894 – Sacajewea, ein Mädchen vom Stamm der Lemhi-Schoschonen, durchquert mit der Expedition von Lewis und Clark als Übersetzerin und Botschafterin einige indianische Territorien. Captain Lewis schreibt in seinem Tagebuch, nachdem eine Pirogge fast gesunken wäre: „Sacajawea beweist eine Stärke und Entschlossenheit, die jener der Männer auf dem heimgesuchten Schiff gleichkam. Sie rettete die meisten Bündel, die über Bord gespült worden waren."

■ 1837 – Lady Jane Franklin besteigt als erste Frau den Gipfel des Mount Wellington in Neuseeland. Es ist ein fast senkrechter Aufstieg von 1330 Metern.

■ 1846 – Ida Pfeiffer bricht zur ersten ihrer drei Weltreisen auf. Während der zweiten Reise lebt sie unter Kannibalen und Kopfjägern in Borneo und Sumatra.

■ 1858 – Julia Archibald Holmes bezwingt den Pikes Peak in Colorado und schreibt: „Ich habe die Aufgabe gemeistert, die ich mir selbst gestellt habe ...Nahezu jedermann wollte mich von dem Versuch abhalten, aber ich glaubte, dass mir Erfolg beschieden sein werde."

■ 1863 – Elizabeth L. van Lew reist als Spionin für die Unionstruppen in den Süden der Vereinigten Staaten.

■ 1864 – Florence Baker und ihr Mann Samuel erforschen den Albertsee, eine wichtige Quelle des Nils. Samuel erhält dafür die Goldmedaille der Royal Geographic Society und wird später geadelt; Florence dagegen wurde von Königin Viktoria, die sich ob ihrer Vergangenheit schockiert zeigte, nicht bei Hof empfangen.

■ 1864 – Anna Leonowens reist von ihrem Wohnort London zuerst nach Singapur und dann nach Siam, um dort die 67 Kinder des Königs Rama IV. zu unterrichten. Die Geschichte bildet den Stoff von Margaret Landons Buch *Anna und der König von Siam*, das auf Leonowens Tagebuch basiert.

■ 1873 – Isabella Bird Bishop erfüllt sich einen Traum und bricht von Edinburgh/Schottland via Australien nach Hawaii auf. Danach fährt sie weiter in die Vereinigten Staaten.

■ 1878 – Amanda Berry Smith beginnt eine zwölfjährige Missionsreise, von der sie acht Jahre in Liberia verbringt. In der restlichen Zeit bereist sie drei Kontinente. Die 1837 als Sklavin in Maryland geborene Smith erlangte später ihre Freiheit und wurde eine der bedeutendsten christlichen Predigerinnen des 19. Jahrhunderts.

■ 1889 – Inspiriert von dem Romanhelden aus *In 80 Tagen um die Welt* von Jules Verne, umrundet Nelly Bly den Erdball in 72 Tagen, 6 Stunden und 11 Minuten. Sie sagte: „Die Reise nach Amiens war langwierig und ermüdend, aber ich wurde dafür vollständig durch die Begegnung mit Jules Verne und seiner Frau entschädigt, die mich in Begleitung des Pariser Korrespondenten von *World* am Bahnhof erwarteten."

■ Um 1890 – Mary Bird reitet im Auftrag der Christlichen Missionsgesellschaft über 800 Kilometer allein auf dem Rücken eines Kamels nach Persien, um dort eine Missionsstation zu gründen.

■ 1891 – Zoe Gayton gewinnt eine Wette um 2000 Dollar, indem sie die Vereinigten Staaten zu Fuß durchquert. Sie brauchte dafür 213 Tage.

■ 1891 Mary French Sheldon reist nach Ostafrika und macht bahnbrechende anthropologische Entdeckungen. Später hebt die Royal Geographical Society ihre Mitgliedschaft wieder auf, weil umstritten ist, ob Frauen beitreten dürfen.

■ 1892 – KATE MARSDEN veröffentlicht *On Sledge and Horseback to Outcast Siberian Lepers* (dt. *Reise zu den Aussätzigen in Sibirien*, Leipzig 1894) einen Bericht über ihre Reise durch Sibirien auf der Suche nach einem Heilmittel für Leprakranke.

■ 1893 – MARY KINGSLEY beginnt ihre zoologischen Studien in Westafrika. Zwei Jahre später kehrt sie zurück, entdeckt eine neue Route durch Gabun und besteigt den Mount Cameroon. Auch in unwegsamem Gelände behält sie noch einen klaren Kopf: „Eine schreckliche Stelle werde ich nicht vergessen, denn ich musste an eine Felswand springen und mich dort in einer Stellung festklammern, die einem Insekt mehr ansteht als einer Insektenjägerin, und dann in einem dichten Wald hochkrabbeln, der mit Felsbrocken jeder Größe übersät war. Ich frage mich, was wohl zuerst da war, die Bäume oder die Felsen."

■ 1893 – TESSIE REYNONDS, fährt als 16-jährige mit dem Fahrrad von Brighton nach London und wieder zurück. Ihr langes Jackett über Hosen sorgt für ebenso viel Empörung wie das Unternehmen selbst.

■ 1895 – ANNIE OAKLEY bricht mit der Tradition, indem sie auf dem Höhepunkt des Viktorianischen Zeitalters kürzere Röcke als üblich trägt und ein Gewehr mit sich führt. Ihre Künste als Scharfschützin bringen ihr den Spitznamen „Little Sure Shot" ein und erlauben ihr, Nordamerika und Europa zu bereisen.

■ 1899 – GERTRUDE BELL unternimmt die erste von mehreren Reisen durch die Wüste. Sie reist als erste Europäerin nach Djebel Druso und in entlegene Gegenden des Nahen Ostens.

■ 1901 – ANNIE TAYLOR lässt sich als erster Mensch in einem extra für sie angefertigten Fass die Niagarafälle hinabfallen und überlebt. Sie stellt sich dieser Herausforderung, obwohl sie nicht schwimmen kann. Als sie aus dem Wasser geholt wird, lautet ihr Kommentar: „Niemand sollte das jemals wieder tun."

■ 1906 – FANNY BULLOCK WORKMAN erklimmt den 7760 Meter hoch gelegenen Nun-Kun-Gipfel im heutigen Indien und steigt damit höher als jede Frau vor ihr.

■ 1908 – ANNIE SMITH PECK, die erste Frau, die das Matterhorn bezwingt, behauptet, Fanny Bullock Workmans Höhenrekord übertroffen zu haben. „Wenn du schon entschlossen bist, Selbstmord zu begehen, warum tust du es dann nicht wenigstens auf damenhaftere Weise?", schreibt Annies Vater in einem Brief an seine Tochter.

■ 1910 – CLELIA DUEL MOSHER widerlegt weit verbreitete Irrtümer über die körperliche Beschaffenheit von Frauen, darunter den, dass Frauen anders atmen als Männer, was sie angeblich für schwere körperliche Anstrengung ungeeignet macht.

■ 1910 – BLANCHE STUART SCOTT, 19, steuert als erste Frau allein ein Flugzeug. Anfang desselben Jahres war sie von einer Überlandfahrt mit einem Overland-

Automobil zurückgekehrt. Eine Journalistin, die die Fahrt dokumentierte, hatte sie begleitet.

■ 1910 – NAN JANE ASPINALL verlässt San Francisco zu Pferd und reitet allein durch die Vereinigten Staaten. Ihr Ziel ist New York.

■ 1912 – Mit einem Flug durch dichten Nebel schafft es HARRIET QUIMBY als erste Frau, mit einem Flugzeug den Ärmelkanal zu überqueren.

■ 1914 – *National Geographic publiziert einige der ersten Farbfotografien, die von der Geographin und Redakteur*in ELIZA R. SCIDMORe aufgenommen wurden. Scidmore war einige Jahre als Reporterin für die Society unterwegs und erlebte auf ihren Reisen Abenteuer wie eine königliche Elefantenjagd mit dem König von Siam. Auch besuchte sie das Land, „wo die Schmetterlinge tanzten", im heutigen Sri Lanka.

■ 1916 – HARRIET CHALMERS ADAMS ist die erste Frau, die im Ersten Weltkrieg als Korrespondentin von der Front berichtet.

■ 1916 – Die Schwestern ADELINE UND AUGUSTA VAN BUREN durchqueren mit dem Motorrad die Vereinigten Staaten. Sie verlassen Brooklyn am 5. Juli und erreichen San Francisco am 12. September. Danach fährt das Team mit seinen Motorrädern den Pikes Peak in Colorado hoch.

■ 1916 – RUTH LAW rüstet ihr Druckschraubenflugzeug mit einer Benzinleitung aus Gummi und zusätzlichen Benzintanks aus, wodurch sich seine Kapazität von 40 auf 265 Liter erhöht, und fliegt von Chicago nach Hornell, New York. Damit stellt sie einen neuen amerikanischen Rekord für Nonstop-Flüge auf.

■ 1920 – MARGARET MEAD reist nach Neuguinea und zu den Inseln im Pazifik und beginnt ihre lebenslangen ethnologischen Forschungen. „Die Eingeborenen sind auf den ersten Blick freundlich", schreibt sie nach Hause, „aber sie schwärmen für Kannibalismus, Kopfjagd, Kindestötung, Inzest, Meidung und Scherzbeziehungen und knacken Läuse mit den Zähnen."

■ 1924 – ALEXANDRA DAVID-NÉEL betritt Tibet. Sie stößt auf große Widerstände, erreicht aber schließlich die verbotene Stadt Lhasa. Dazu schreibt sie: „Wenn der Himmel dem Herrn gehört, ist die Erde das Erbteil des Menschen ...Folglich hat jeder ehrliche Reisende das Recht, sich seinen Weg zu wählen, auf dem gesamten Erdball, welcher ihm gehört."

■ 1926 – BESSIE COLEMAN stirbt bei einem Flugzeugabsturz in Jacksonville, Florida, nachdem sie auf Flugschauen im ganzen Land ihre Künste gezeigt hatte. Sie war 1921 die erste Schwarze, die einen Pilotenschein erhielt, und sagte: „Die Luft ist der einzige Ort, der frei von Vorurteilen ist."

■ 1926 – Nachdem sie als sechster Mensch erfolgreich den Ärmelkanal von Frankreich nach England durchschwommen hat, schließt sich Gertrude Ederle einem Variété an und reist mit einem zusammenklappbaren Schwimmbecken durch die Welt. 1933 wird sie taub und findet einen neuen Beruf als Schwimmlehrerin für hörgeschädigte Kinder.

■ 1928 – ROSITA FORBES veröffentlicht ihren Bericht über „zwölf höchst ereignisreiche Jahre" in Arabien und Nordafrika, wo sie eine Weile in einem Harem lebt, Zeugin „schwarzer Magie" wird und auf Pilgerfahrt nach Mekka geht.

■ 1930 – AMY JOHNSON fliegt in 13 Tagen von London nach Indien und weiter nach Australien und stellt damit einen neuen Geschwindigkeitsrekord auf. Sie erlangt Berühmtheit als „Liebling des Himmels".

■ 1931 – GLORIA HOLLISTER Anable taucht in einer Batysphäre 402 Meter tief und stellt so einen neuen Tauchrekord für Frauen auf.

■ 1931 – LOUISE ARNER BOYD organisiert die ersten vier Expeditionen nach Ostgrönland. 24 Jahre später erreicht sie als erste Frau den Nordpol.

■ 1932 – AMELIA EARHART fliegt allein über den Atlantik. Vom 2. Juli 1937 an gilt sie als vermisst, nachdem sie auf ihrer Erdumkreisung entlang des Äquators – der längstmöglichen Route – 36 000 von 47 000 Kilometern hinter sich gebracht hat.

■ 1932 – Im April erreicht FLORENCE CLASR mit einem Hundeschlitten den Gipfel des Mount Washington in New Hampshire.

■ 1934 – JEANNETTE PICCARD steuert als Pilotin einen 58 Meter langen Zeppelin 19 186 Meter in die Stratosphäre.

■ 1934 – ANNE MORROW LINDBERGH erhält die Hubbard-Medaille der National Geographic Society als Auszeichnung für besondere Verdienste um Forschung, Entdeckung und Wissenschaft; sie wird damit für ihre „bemerkenswerten Flüge als Kopilotin bei Charles Lindberghs Luftbildvermessungen" geehrt. Vier Jahre zuvor hatte sie als erste Frau den Segelflugschein gemacht.

■ 1938 – Die englische Reiseschriftstellerin, Forscherin und Ethnographin DAME FREYA STARK stellt eine Liste mit den sieben Kardinaltugenden auf, die gute Reisende besitzen sollten. Sie reichen von „ein[em] unvoreingenommene[n], beobachtende[n] und vorurteilsfreie[n] Geist" bis zu der Forderung, „am Ende des Tages noch so ruhig und ausgeglichen [zu] sein wie zu dessen Beginn".

■ 1953 – Die amerikanische Pilotin JACQUELINE COCHRAN fliegt als erste Frau schneller als der Schall. Sie hält bis heute immer noch mehr Rekorde im Bereich des Fliegens als jeder andere weibliche oder männliche Pilot.

■ 1957 – Unterstützt von der National Geographic Society, beginnt JANE GODDALL im Schimpansen-Reservat am afrikanischen Gombe-Fluss ihre Untersuchungen zum Leben von Schimpansen.

■ 1959 – In der Olduvai-Schlucht in Tansania entdeckt MARY LEAKEY den etwa 1,8 Millionen Jahre alten Schädel eines Hominiden. „Aus irgendeinem Grund regte dieser Schädel die Fantasie an", erinnert sich Leakey in einem Interview, „aber darüber hinaus – und das war von unserem Standpunkt aus sehr wichtig – regte er auch die Fantasie der National Geographic Society an, und infolge dessen finanzierten sie uns auf Jahre hinaus. Das war faszinierend."

■ 1963 – Die russische Fallschirmspringerin VALENTINA TERESCHKOWA fliegt als erste Frau in den Weltraum. Zwei Jahrzehnte später, im Jahr 1983, folgt ihr als erste Amerikanerin Sally Ride.

■ 1963 – Nachdem sie an Ausgrabungen in der Türkei, im Iran und Irak teilgenommen hat, beginnt PATTY JO WATSON in Kentucky mit Ausgrabungen in der Salts Cave, die zu einem größeren Komplex von Mammuthöhlen gehört. Ihre bahnbrechenden Funde führen zu einer grundlegend neuen Betrachtungsweise der Urbevölkerung und ihrer landwirtschaftlichen Methoden.

■ 1963 – DERVLA MURPHY radelt von Irland nach Indien.

■ 1970 – BARBARA WASHBURN und ihr Mann Bradford beenden ein siebenjähriges Vermessungsprojekt am Grand Canyon. Barbara erhält später die Centennial Medal von der National Geographic Society für ihren Beitrag zur geographischen Wissenschaft.

■ 1971 – BIRUTÉ GALDIKAS fährt nach Borneo und beginnt mit ihren Studien über das Leben der Orang-Utans.

■ 1972 – SYLVIA COOK und John Fairfax rudern über den Pazifik und legen dabei 13 000 Kilometer in einem Jahr zurück.

■ 1972 – Die Unterwasserforscherin EUGENIE CLARK, auch unter dem Spitznamen „Hai-Lady" bekannt, veröffentlicht für *National Geographic* den ersten von zahlreichen Artikeln über die Unterwasserwelt. Über eine Expedition schreibt sie: „Die ganze Nacht hämmerte [der Hai] gegen das Heck, schlug mit der Schwanzflosse gegen den Rumpf und hob das zehn Meter lange Schiff sogar von unten hoch ...Die Gefühle, mit denen ich später wieder an Land kam waren ganz andere, als mir meine Taucherfreunde vorausgesagt hatten: Ich glaubte, dass die großen weißen Haie geschützt werden müssten und dass es eine Tragödie wäre, wenn so großartige Tiere für immer verschwinden würden..."

■ 1975 – JUNKO TABEI aus Japan erreicht als erste Frau der Welt den Gipfel des Mount Everest, den höchsten Berg der Erde. Sie gehört zu einem 15-köpfigen Team Japanerinnen.

■ 1976 – KRYSTYNA CHOYNOWSKI-LISKIEWICZ aus Polen segelt allein um die Welt. Die Reise dauert zwei Jahre.

■ 1977 – NAOMI JAMES segelt in neun Monaten allein um die Welt – der schnellsten Zeit, die bisher erreicht wurde.

■ 1978 – Das erste Bergsteigerinnen-Team besteigt unter Leitung von ARLENE BLUM den Annapurna. Sie beschaffen das Geld für die Expedition durch den Verkauf von T-Shirts mit der Aufschrift „Der Platz einer Frau ist oben".

■ 1978 – DIANA NYAD schwimmt Weltrekord von den Bahamas nach Florida. Diese Strecke von 143 Kilometern legt sie in 27 Stunden und 38 Minuten zurück.

■ 1979 – SYLVIA EARLE taucht in einem Jim-Suit 381 Meter tief ins Meer und stellt damit einen neuen Tiefenrekord auf. Sie sagt: „Die Leute haben den Eindruck, der Planet sei ganz und gar erforscht und wir hätten alle Wälder durchquert und alle Berge bestiegen. Aber in Wirklichkeit warten noch viele Wälder darauf, entdeckt zu werden. Nur liegen sie eben zufällig unter Wasser. Wir sind immer noch Forscher. Vielleicht fängt das wichtigste Zeitalter der Entdeckungen gerade erst an."

■ 1981 – DEBRA DENKER schildert im *National Geographic*, wie sie Blutsschwester einer Angehörigen der Kalash wurde, eines Stammes in Pakistan, der nur 3000 Menschen zählt. Sie schreibt: „Etwas sehr Wichtiges hat stattgefunden. Was immer noch aus mir werden mag, ich bin eine Kalash, und ein Einzelkind hat eine Schwester gefunden."

■ 1981 – Die Medien berichten ausführlich darüber, wie ROBYN DAVIDSON die Gibson-Wüste in Westaustralien auf dem Kamelrücken durchquerte. Das Unternehmen wurde teilweise von *National Geographic* gesponsort. Davidson sagt: „Ich hatte nie vorgehabt, über diese Reise zu schreiben. Es war eine private, persönliche Geste, die unvorhergesehenerweise zu einem öffentlichen Ereignis wurde – das ist eine Fundgrube für Fantasien und Entstellungen." Viele andere sind bei ähnlichen Trecks durch den Outback ums Leben gekommen.

■ 1983 – CAROL BECKWITH schildert ihren Aufenthalt bei den Wodaabe, einem Nomadenvolk in Niger. Sie stellt ihre Bräuche, den Körper zu schmücken und das Gesicht zu bemalen dar und dokumentiert das Geerewol, ein Ritual zur Zurschaustellung männlicher Schönheit.

■ 1984 – Die Russin SVETLANA SAWIZKAJA unternimmt als erste Frau einen Spaziergang im All.

■ 1984 – YVA MOMATIUK und ihr Mann John Eastcott leben bei dem Volk der Ngati Porou, einem Zusammenschluss von etwa 40 Maori-Stämmen in Neuseeland. Sie berichten 1984 in der Oktoberausgabe des *National Geographic* über ihre Erlebnisse in einem Artikel mit dem Titel „Maori: At Home in Two Worlds".

■ 1985 – DIAN FOSSEY wird in den Virunga-Bergen in Ruanda, wo sie die Berggorillas studierte, ermordet. Ihre Mörder sind nie gefasst worden, aber man nimmt an, dass es sich um Wilderer handelte.

■ 1985 – Nach einer Strecke von rund 1900 Kilometern in der Wildnis Alaskas, Windböen von 100 Stundenkilometern, arktischen Schneestürmen, Schneeblindheit und wilden Tieren trotzend, gewinnt LIBBY RIDDLES als erste Frau das Schlittenhunderennen Iditarod. „Aus irgendeinem idiotischen Grund vertrauten die Hunde darauf, dass ich wusste, was ich tat."

■ 1987 – TANIA AEBI, die mit 18 die Schule abbricht, wird von ihrem besorgten Vater vor eine Alternative gestellt: Entweder sie geht wieder zur Schule, oder er kauft ihr eine neun Meter lange Schaluppe und sie segelt alleine um die Welt. Sie wählt die 44 000-Kilometer-Reise, trotzt unterwegs Piraten, Krankheit und Stürmen und findet dabei zu sich selbst.

■ 1989 – ARLENE BURNS erfüllt sich einen Traum und paddelt den Oberlauf des Brahmaputra in Tibet hinunter.

■ 1990 – MARGO CHISHOLM ist die älteste Frau, die je den Gipfel des Mount Vinson, der höchsten Erhebung der Antarktis, erreicht hat. Es ist der dritte Gipfel, den sie im Rahmen ihres Versuchs, die höchsten Berge in jedem der sieben Kontinente zu erklettern, bezwingt.

■ 1990 – SUSAN BUTCHER gewinnt das Iditarod zum vierten Mal. Sie stellt einen neuen Geschwindigkeitsrekord auf – 11 Tage, 1 Stunde und 53 Minuten.

■ 1991 – Die französische Vulkanologin KATIA KRAFFT stirbt zusammen mit ihrem Mann Maurice bei einem Ausbruch des Unzen in Japan, nachdem das Paar 20 Jahre lang Vulkaneruptionen auf der ganzen Welt studiert und fotografiert hat. „Die Vulkane", hatte Katia erklärt, „sind unsere Kinder ...manchmal sehr ungezogene, verwöhnte Kinder, die unsere ganze Aufmerksamkeit fordern."

■ 1992 – MAE JEMISON verbringt als Mitglied des Spaceshuttle-Crew acht Tage in der *Endeavour*. Sie ist die erste afroamerikanische Astronautin, hat zudem in Kambodscha Flüchtlinge betreut und als Sanitäterin beim Friedenskorps in Afrika gedient.

■ 1993 – LYNN HILL „putzt die Nase" – sie ist der erste Mensch, der die steile Felswand des El Capitan im kalifornischen Yosemite-Nationalpark über die „Nasen-Route" bezwingt.

■ 1993 – Die Anthropologin CYNTHIA BEALL und ihr Mann Melvyn Goldstein dokumentieren das Leben mongolischer Nomaden.

■ 1995 – HELEN THAYER und ihr Mann Bill stoßen zu Fuß und per Kajak 1930 Kilometer tief in entlegene Gebiete des brasilianischen Regenwaldes vor. Am Ende ihres Unternehmens sagen sie: „Es war schwierig, sich wieder an das geschäftige, umtriebige, laute Stadtleben zu gewöhnen ...Wir dachten zurück an die Indios, die unsere Freunde geworden waren. Wir beneideten sie um ihre friedliche und ruhige Lebensweise im Dschungel."

■ 1996 – SHANNON LUCID kehrt nach sechs Monaten auf der russischen Raumstation *Mir* zur Erde zurück. Lucid verbrachte mehr Stunden im Orbit als jede andere Frau.

■ 1997 – Nach dreijähriger Vorbereitung überwindet CATHERINE DESTIVELLE in Nepal einen Gletscher mit einem fast 900 Meter langen gefrorenen Wasserfall.

■ 1999 – EILEEN COLLINS, die über 537 Stunden im Weltraum verbracht hat, wird erste Kommandantin auf der Raumfähre STS-93 *Columbia*. Sie setzte das Chandra-X-Ray-Observatorium aus, das umfassende Untersuchungen über die Beschaffenheit des Universums durchführen soll.

■ 1999 – Die Abenteurerin und Fotografin NEVADA WIER folgt zu Fuß und mit dem Floß dem Verlauf des Blauen Nils in Äthiopien. Sie erläutert: „Es war mir nicht genug, dem Blauen Nil von Anfang bis Ende zu folgen, wichtiger war es, während der Reise die Kulturen an seinen Ufern gründlich kennen zu lernen ...Ich fühle mich als Botschafterin und Forscherin gleichermaßen..."

■ 2000 – Die neunzigjährige DORIS HADDOCK aus New Hampshire wandert mehr als 5100 Kilometer von Los Angeles zu den Stufen des Capitol in Washington D.C., um Gelder für eine Gesetzesreform gegen die Verflechtung von Politik und Wirtschaft aufzubringen.

■ 2000 – LIV ARNESEN und Ann Bancroft brechen im November zu ihrer Expedition in die Antarktis auf. Ann Bancroft sagt dazu: „Wir glauben, dass diese Reise für die Hoffnung steht – die Hoffnung, dass andere, scheinbar unmögliche Ziele von Menschen auf der ganzen Welt erreicht werden können."

DANKSAGUNG

Die Buchabteilung möchte folgenden Personen und Organisationen für ihre Fotografien als Beitrag zur Gestaltung dieses Buches danken: den National Archives, Helen Thayer, Hulton Getty, Guy Martin-Ravel, Barry Tessman, John Eastcott/Yva Momatiuk, Bob Campbell, Rod Brindamour, Brian Pierce, der NASA, der Library of Congress sowie Natalie Fobes. Auch schulden wir Rebecca Martin, die zum Entstehen dieses Buches maßgeblich beitrug, Dank.

PUBLIZIERT VON DER
NATIONAL GEOGRAPHIC SOCIETY

John M. Fahey jr., *President and Chief Executive Officer*
Gilbert M. Grosvenor, *Chairman of the Board*
Nina D. Hoffman, *Senior Vice President*
William R. Gray, *Vice President and Director, Book Division*
Charles Kogod, *Assistant Director*
Barbara A. Payne, *Editorial Director and Managing Editor*

AN DIESEM BUCH ARBEITETEN MIT:
Dale-Marie Herring, *Project Editor*
Suez Kehl, *Art Director*
Johanna M. Rizzo, *Researcher*
Carl Mehler, *Director of Maps*
R. Gary Colbert, *Production Direktor*
Richard S. Wain, *Production Project Manager*
Deborah E. Patton, *Indexer*
George V. White, *Manufacturing and Quality Control, Director*

INDEX

Kursiv gedruckte Seitenangaben beziehen sich auf Abbildungen.

Michele Slung ist eine vielseitige Frau. Sie ist Journalistin, Humoristin, Herausgeberin von Anthologien und anderen Werken, war Buchhändlerin, ist als Kritikerin tätig und Autorin von mehr als einem Dutzend Büchern, darunter einige Bestseller, die in viele Sprachen übersetzt wurden und in zahlreichen Ländern erschienen. Zurzeit arbeitet sie an ihrem Beitrag „Read with Tea" über Bücherwissen und Liebe zu Büchern für das Magazin *Victoria*. Sie schrieb unter anderem für die *New York Times*, *die Washington Post*, den *New Republic*, für *USA Today*, *Ms*. und *Conde Nast Traveler*.

180°
120°W
60°W
ARCT
60°N
30°N
NORTH AMERICA
PACIFIC
EQUATOR
0°
OCEAN
ATLANTIC
SOUTH AMERICA
OCEAN
30°S
60°S